표창원, 보수의 품격

표창원, 보수의 품격

표창원 · 구영식 지음

ViaBook Publisher

| 머리말 |

진정한 보수를
찾습니다

　면제의 대물림을 하는 자, 그는 보수가 아니다. - 보수는 의무를 지킨다. 의무를 넘어서 자신을 희생한다.
　위법과 탈법을 일삼으며 권력으로 치부를 가리는 자, 그는 보수가 아니다. - 보수는 누구보다 자신에게 엄격하다. 부끄러움을 알고 공익을 위하는 것이 보수다.
　입을 막고 종북과 좌빨을 외치는 자, 그는 보수가 아니다. - 보수는 비판에 당당하다. 자신의 길에 두려움을 가지지 않는 것이 보수다.
　권력의 그늘에서 시민의 피를 빠는 자, 그는 보수가 아니다. - 보수는 공공의 이익을 위해 노력한다. 함께 잘 사는 사회를 만들기 위해 노력하는 것이 보수다.
　친일과 독재를 미화하는 자, 그는 보수가 아니다. - 보수는 민주주의의 파수꾼이다. 과거를 엄정히 평가하고 화해로써 미래를 열어가는 것이 보수다.

　우리는 지금껏 보수를 몰랐다. 보수의 정신은 가려져 있었다. 우리는 그저 보수라는 이름만을 들었을 뿐이다. 보수는 무엇인가? 보수(conservatism)는 '전통, 현 체제와 구조, 문화와 규범을 가치 있게 여기고 지키려는 사상'이다. 그 사상은 엄중하고 엄정하다. 그런데 대한민국의 기득권은 스스로를 보수라 외친다. 보수의 정신과 품격이 없는 껍데기에 불과하다.
　보수는 합리적이다. 보수는 정의롭다. 그런데 '친일주의자', '사대주의자', '전체주의자', '파시스트'들이 보수를 도용하고 있다. 폭력, 생떼, 억지 주장, 집단 난동으로 자신의 주장을 관철하려 한다. 그렇다면 이 또한 대한민국 보수가 아니다. 누구나 뻔히 보는 앞에서 약자의 것을 빼앗고, 제 자식 망신 줬다며 깡패를 방패삼아 스스로 폭력을 휘두르고, 나랏돈을 제 돈처럼 챙겨 빼먹는다면, 어찌 이들을 보수라 부를 수 있단 말인가? 옳고 그름보다는 이익과 손해를 판단의 기준으로 삼고, 강자에게 빌붙어 혹세무민하는 자들을 어찌 보수라 칭할 수 있단 말인가? 누구나 두려움 없이 할 말 할 수 있는 '표현의 자유'와 '언론의 자유'는 대한민국 헌법이 보장하는 중요한 권리다. 이를 침해하고 억누르려는 자는 절대 '보수'라고 할 수 없다.

왜 대한민국의 보수는 이 지경이 되었을까? 당당하지 못하기 때문이다. 가리고 싶은 치부가 많아 과거를 조작하고 싶기 때문이다. 그래서 자신들을 비판하면 먼저 입을 막으려 한다. 빨갱이라는 이름으로 위협한다. 그렇게 이 땅의 자칭 보수주의자들은 권력을 연명했다.

사회와 문화, 국가, 지역에 따라 보수의 가치와 이념은 달라지지만 결코 변하지 않는 보수의 특징이 한 가지 있다. 그것은 '품격'이다. 보수는 근대 이래로 시대의 승자요, 주류였다. 정정당당한 승자로서의 태도를 갖춰야 한다. 자유와 민주, 인권의 가치에는 어떠한 제한도 가하지 않겠다는 자세와 신념이 있어야 보수라고 말할 수 있다.

그리고 그 반대편에 건강하고 튼튼한 '진보'가 있어야 썩지 않고 나태해지지 않는다. 대한민국에 백범 김구, 도산 안창호, 장준하 등의 뒤를 이을 진정한 보수의 적통이 되살아나 제자리를 찾기 바란다. 그 반대편에 있는 진보 역시 멋지고 세련된 비판 세력으로 우뚝 서기 바란다. 그래서 서로 '분단 때문에'라는 치졸한 변명은 이제 버리고 '분단에도 불구하고' 참된 민주주의를 꽃피우는 경쟁자요, 협력체로 순기능을 발휘해주길 바란다.

2013년 2월 표창원

표창원, 보수의 품격

차례

머리말
진정한 보수를 찾습니다 08

여는 글
뒤틀리고 왜곡된 한국 보수를 고발하다 12

01
자베르의 자살, 죽은 정의의 사회 17

02
반공과 좌빨 41

칼럼
보수주의자로서, 고백하고 요구하고 경고합니다 68

03
직시하라! 알을 깨라! 79

04
누구를 위해 보수는 탄생했나 101

05
나는 말하고 싶다 133

06
한국 사회에서 정의란 무엇인가? 163

07
안철수 현상을 말하다 199

08
박근혜 5년을 유쾌하게 사는 법 233

| 여는글 |

뒤틀리고 왜곡된
한국 보수를 고발하다

표창원 전 경찰대 교수를 처음 만난 건 지난 1998년이었다. 필자는 당시 진보성향 월간지 〈사회평론 길〉의 '3년 차' 기자였고, 표 전 교수는 이제 막 영국 유학에서 돌아온 '경찰학 박사'였다. 어느 일간지에 짤막하게 소개된 '국내 경찰학 박사 1호'라는 기사를 보고 잡지의 '길과 사람들' 코너에 소개하기 위해 그를 광화문에서 처음 만났다. 1998년 4월호 〈사회평론 길〉에 게재된 기사의 제목은 〈'Problem Maker', 경찰학 박사 1호가 되다〉였다.

87년 민주화투쟁. 한때 정치인이나 기자가 꿈이었던 그는 경찰대 교정에서 고민에 빠졌다. '민중의 지팡이가 되어야 하는 경찰대생인데 정부와 국민 중 어느 편을 들어야 하는가. 국민의 편에 서야 하는데 이걸 표현하는 것이 옳은가. 역사의 현장에서 시선을 거둘 것인가.' 침묵에 대한 고민은 이어졌고 그는 결국 고등학교 담임 선생님의 말을 떠올렸다. '옳다고 느끼는 것이 객관적으로 다른 사람도 옳다고 생각할까 질문하고 행동하라.'

'국내 경찰학 박사 1호'라는 꼬리표가 붙은 경기지방경찰청 외사계 표창원 경위. 고등학교 때 학도호국단 회의에서 '흡연구역' 설치를 주장했고 경찰대 재학 시절 선배들의 불합리한 기합에 항상 이의를 제기했던 그를 친구들은 4년 내내 'Problem Maker'라고 부르는 데 주저하지 않았다. 그런 그가 제주도, 화성, 부천 등지에서 현장을 경험하고 경찰의 모범국인 영국으로 국비 유학을 갔다. 그리고 〈영국 경찰과 매스미디어〉란 논문으로 박사학위를 받았다. "국민의 수준이 경찰의 수준을 결정해요." 입버릇처럼 말하는 그의 체험적 경찰론이다. — 〈사회평론 길〉 1998년 4월호

필자는 인터뷰가 끝난 뒤 그로부터 그의 박사학위 논문인 〈영국 경찰과 매스미디어〉를 선물로 받았다. 인터뷰 이후 그는 필자에게 잊혔다. 가끔 텔레비전의 범죄 관련 프로그램이나 토론회 프로그램에 출연한 그를 본 것이 전부였다. 게다가 크게 끌리지도 않았다. '범죄를 다루는 사람들은 원래 보수적'이라는 편견이 작동했고, 실제로 그는 사회 현안마다 보수적인 목소리를 내고 있었기 때문이다.

그러다 지난 2012년 대선을 며칠 앞두고 트위터에 돌아다니며

공감을 얻고 있던 그의 글을 우연히 접했다. '보수주의자로서, 고백하고 요구하고 경고합니다.' 이런 제목의 글이었다. 눈길을 끄는 글 제목 때문에 단박에 읽어내려갔다.

'진정한 보수라면, 친북 좌빨 주장은 집어치우십시오!'

'영국의 당당한 보수당과 민주자유당처럼, 보수의 진정한 가치인 '양심의 자유', '표현의 자유', '결사의 자유'를 무한 보장하는 것이 당당하고 떳떳한 '진정한 보수'입니다.'

한국 보수주의자에게서 볼 수 없었던 논조와 주장에 전율이 일었다. 그리고 질문이 꼬리를 물고 이어졌다. '어떻게 그가 이런 글을 쓸 수 있었을까? 내가 그의 일면만 보고 있었던 것일까?' 심지어 그가 진보주의자인지 보수주의자인지도 헷갈렸다. '공정한 경쟁과 정당한 분배, 풍성한 자유와 건강한 평화'를 진보의 가치로 보는 관점을 따른다면 그는 분명 '진보주의자'에 가깝다. 하지만 그는 일관되게 '보수주의자'를 고수한다. 얼핏 보기에는 진보주의자가 보수주의자라고 주장하는 모양새다.

이는 분단 체제, 군부독재, 권위주의 정권 등으로 인해 보수와 진보의 이념이 뒤틀리고 왜곡된 한국 사회의 희비극이다. 그런 점에서 '표창원 열풍'은 특히 정의와 공정, 평화 등을 내세우면 '종북 좌빨'이라고 낙인찍는 한국 사회의 천박성을 향한 고발이다. 단순히 대선 패배의 힐링만은 아니라는 것이다. 그런 맥락에서 그의 커밍아웃은 '진정한 보수주의자의 탄생'이라는 의미를 더했다.

뒤틀리고 왜곡된 보수와 진보의 이념 구조 속에서 나온 그의 커밍아웃은 우리에게 상당한 의미를 갖는다. 먼저 '진정한 정의의 귀환'이다. 그는 정의에 관한 한 지독한 낙관주의자다. 그가 제일 좋아하는 가치가 정의고, 향후 5년간 '한국에서 정의란 무엇인가?'를 주제로 전국 순회강연을 연다. 그는 입버릇처럼 말한다. "정의는 천천히 오지만, 반드시 온다." 그런 그의 등장으로 인해 뒤틀리고 왜곡된 한국 보수가 자신의 정체성을 은폐하기 위해 사용한 '정의'는 본래의 의미로 귀환할 수 있게 됐다.

그는 그동안 한국 보수가 침해하고 억압해온 표현의 자유, 언론의 자유가 진보의 전유물이 아니라는 점을 부각시켰다. 그동안 한국 보수는 안보, 국가 수호, 경제성장 등을 이유로 표현의 자유, 언론의 자유를 크게 제약하거나 무시했다. 이로 인해 언제나 표현의 자유, 언론의 자유를 옹호하는 것은 진보의 몫이었다. 하지만 그는 보수가 내세워야 할 핵심 가치가 표현의 자유, 언론의 자유라고 일관되고, 줄기차게 반박한다. 그는 누구보다 표현의 자유, 언론의 자유를 적극 옹호한다. 특별히 '보수주의자이자 반공주의자'인 그가 '표현의 자유, 언론의 자유의 무한 보장'을 천명하고 있다는 점에서 의미심장하다.

그는 진짜 한국 보수의 혁신이 가능함을 보여준다. 그동안 한국 보수의 혁신이 없었던 것은 아니다. 참여정부 시절, 두 차례에 걸쳐 집권에 실패한 한국 보수는 '뉴라이트'라는 이름으로 담론 시장을 장악하고 세력을 크게 형성했다. 이명박 정부에 이르러서는 정치권 등 제도권으로 진출하는 데도 성공했다. 하지만 지금 그들은 세력으로서 소멸한 상태다. 출세욕과 권력욕에 빠져 있던 그들이 보수의 혁신을 이룰 리는 만무했다. 하지만 그는 이전 뉴라이트와는 다르다. 그가 내세우는 가치도 다르고, 그것을 대하거나 다루는 태도도 다르다. 그야말로 '진짜 뉴라이트'다. 그런 점에서 그의 커밍아웃은 진짜 보수 혁신의 출발점이 될 것이다.

그러기 위해서 일관되게 '제대로 된 보수의 재정립'을 내세우는 '표창원 스타일'이 한국 보수의 대세가 되길 바란다. 그것은 오랫동안 보수가 뒤틀리고 왜곡되어온 한국 사회에 축복이다.

이제 진정한 보수의 품격을 말하는 표창원 전 교수를 만날 때가 되었다. 한국 사회를 향한 그의 발언을 따라가면서 당신은 당신의 정체성을 고민하고, 성찰하게 될 것이다. 지금부터 시작이다.

2013년 2월
15년 만에 다시 그를 만난 구영식이 쓰다

01
자베르의 자살,
죽은 정의의 사회

> **나는 자베르보다는 조금 더 인간적이고 싶어 하는 사람이다**

힐링

구영식(이하 구)_ 대선의 시계와 함께 어느 때보다 바쁜 시간을 보냈을 것 같다.

표창원(이하 표)_ 정신없었다. 다들 살이 쭉 빠졌다며 다이어트 한 것 같다고 하더라. 그래서 신종 다이어트에 관한 책을 한번 써볼까 하는 생각도 했다. 다이어트라는 것도 그런 거 같다. 내가 터득한 방법은 이렇다. 일을 저질러라! 그리고 모든 에너지를 고민과 갈등으로 태우듯 지방을 다 태워버려라. 그러면 일주일 안에 건강에 전혀 지장 없이 1kg 가까운 감량 효과를 볼 것이다.

구_ 원래 그렇게 낙천적인 성격인가?

표_ 좀 긍정적이다.

구_ 단순히 긍정적이라고 규정하기는 어려울 것 같다. 어떻게 보면 직선적이면서도 낙천적인 성격일 것 같다.

표_ 예를 들어 뭔가 확실치 않은 일이 있다고 하자. 그럼 좀 신중한 성격은 실패 가능성을 많이 본다. 하지만 나는 그곳에서 긍정적인 측면을 보려고 한다. 성공! 그거 할 수 있다고 본다. 물론 모든 결과가 좋은 것은 아니다. 하지만 결과가 좋지 않아도 쉽게 낙담하거나 좌절하지 않는다.

구_ 그래도 인생에서 좌절과 낙담은 필연이지 않은가? 스스로에게도 실망하거나 절망할 때가 있지 않은가? 그럴 때면 위안이 필요할 텐데.

표_ 많았다. 주로 대학 다닐 때 그런 적이 많았다. 결혼 전까지도 말이다. 대부분 좌절과 절망은 밖이 아니라 자신을 향하고 있었다. 스스로에게 좌절하고, 절망하고, 실망했다. 내가 이 정도밖에 안 되는 인간인가? 내가 필요한 인간인가? 쓸모없는 인간처럼 느낀 경우도 많았다.

구_ 언제 자신이 쓸모없는 인간이라고 느꼈나?

표_ 살면서 잘못하고 실수한다. 바보같이도. 특히 내게 경제관념이 없다. 뒷일은 생각지 않고 가불받아서 필요한 것에 막 쓴다. 그러고 나면 쪼들리기 시작하는 거다. 총각 때 많이 그랬다. 그러고 나면 또다시 자책이 시작된다. '내가 이렇게 무절제한 사람인가? 나라는 존재에게 삶을 주체적으로 관리해나갈 수 있는 능력이 있는 것인가?' 하고 말이다. 실연도 빼놓을 수 없는 좌절이었다. 그 당시에는 아주 순진한 생각을 가지고 있었다. 상대방에게 이 정도의 정성을 베풀면 상대방이 나를 사랑해줄 것이라고 생각했다. 그런데 그게 그렇지가 않더라. 나와 다른 상대방의 모습을 보며 내가 정말 바보 같다고 느꼈다.

구_ 좌절은 피할 수 없는 숙명일 것이다. 하지만 중요한 것은 그것에 빠지지 않고 이겨내는 것 아닌가? 그럴 때는 누가 위로해줬나?

표_ 위로해주는 사람은 없었다. 부모님의 성격이 강했다. 집안 분위기가 누구를 위로하고 위로받을 만큼 온화하지는 않았다. 그래서 어려움을 상담한다는 일이 생소하다. 누구에게 위로를 받아본 일도 거의 없다.

구_ 그런데 지금은 다른 사람들을 위로해주는 사람이 되었다.

표_ 내가 경험한 위로는 조금 다른 방식의 위로였다. 가족은 엄격했지만 다른 분들이 계셨다. 친구 어머니나 이웃에 계신 분들이 좌절하거나 실망했을 때 말없이 토닥거려주고 안아주셨다. 늘 같이 있지는 않지만 그렇게 받은 위안들이 삶의 커다란 자양분이 된 것 같다. 세상이나 사람이 다 타인은 아니라는 걸 느꼈다. 나를 토닥여줬던 친구 어머니나 이웃집 아주머니처럼 저기 멀리 있는 사람 중에도 내가 쓰러지면 나를 도와줄 사람이 있을 거라 생각했다. 이런 긍정적인 세계관과 인간관이 생겼다. 그래서 친구들이나 후배들이 슬퍼하고 좌절하면 다른 애들보다 먼저 다가갔다. 가서 위로해주고, 격려해주고, 북돋아주고. 친구들 사이에서 이런 일들을 많이 했다. 중학교부터 대학교까지, 그리고 그 이후에도.

구_ 지금 다른 사람들에게 위안을 주려고 하는 노력들도 그전에 위안을 받은 경험들이 쌓였기 때문에 가능한 것 아닌가?

표_ 그렇다. 시간이 많고 여유가 넘쳐서 무엇인가를 한 것은 아니다. 그럴 상황도 아니었다. 자신도 모르게 나온 반사적인 행동 같은 것이었다. 그런데 되짚어보면 살아온 삶 속에서 받았던 위로, 친구에게 해줬던 위로, 이런 것들이 하나의 본능이나 성격, 본성의 일부가 된 것 같다.

> **일련의 일들을 겪으면서, 내게도 치유가 좀 필요했다**

구_ '집단 힐링의 기적'을 만들기 위해 영화 〈레미제라블〉 단체 관람을 제안했는데.

표_ 원래 〈레미제라블〉을 많이 좋아했다. 영국 유학 때부터 자주 봤다. 참 감동적이었다. 용인에 사는데, 한국어 초연을 얼마 전에 우리 동네에서 했다. 그래서 가서 또 봤다. 지난 10월 브렌트 터

베이(Brent Turvey)라는 미국 프로파일러를 초청해 일주일간 같이 강의하고 세미나도 했던 적이 있다. 일주일 내내 이야기를 나눴는데, 그 친구가 〈레미제라블〉이 영화로 만들어지고 있다는 얘기를 해줬다. 그래서 '아, 진짜냐? 나 아주 좋아하는데, 누가 나오나?' 하고 물었더니 휴 잭맨과 앤 해서웨이가 나온다고 했다. 그 사람들이 노래할 줄 아느냐고 물었더니 다 잘한다고 했다.

그런 얘기를 주고받았는데 이번 대선에 나도 모르게 이렇게 예상치 않는 일에 말려 들어갔다. 그리고 마침 또 〈레미제라블〉이 개봉했다. 일련의 일들을 겪으면서, 내게도 치유가 좀 필요했다. 또 워낙 보고 싶었던 영화기도 했고. 다른 분들도 프랑스 시민혁명의 실패, 좌파의 실패를 보면 가슴속 응어리도 많이 풀릴 거라 생각했다. 그것도 비슷한 마음을 가진 사람들이 한자리에서 같이 보면 훨씬 더 재미있지 않을까?

극장이란 게 참 묘하다. 동행한 사람 외에 극장에 앉아 있는 사람들은 다 낯선 타인이다. 타인과의 감정 교류는 쉽지 않다. 감정을 교류하고 싶어도 못하는 거다. 괜히 저 사람들이 날 이상하게 볼지도 모른다는 생각에. 그런데 우리 학창 시절에는 영화 단체 관람을 많이 했지 않은가. 뭐 그때는 주로 반공 영화긴 했지만, 그래도 그게 참 재미있었다. 친구끼리 같이 가서 막 탄성도 지르고 웃기도 하고. 그 느낌을 되살려보고 싶은 마음도 있었다. 그래서 집단 힐링이란 이야기를 꺼내면서 우리도 개봉하기 전에 온라인으로 영화를 예매하자고 했다.

구_ 영국 유학 때도 두 번이나 원작 뮤지컬을 봤다고 했는데, 그때는 느낌이 어땠나?

표_ 뮤지컬에서는 일단 방점을 장발장 개인에게 둔다. 코제트와의 연결, 마리우스 같은 혁명군은 양념적 요소로 배치된다. 그래서 장발장에 감정이입이 많이 되는 듯하다. 그런데 직업적 특성이었을까? 나는 특히 자베르 경감과 많이 동일시되었다. 그가 가진 고뇌, 너무 냉정하고 지나칠 정도로 법과 원칙에 집착하는 그의 모습에 공감했다. 물론 80년대 대한민국 격동기를 청년으로 보낸 사람으로서 시민혁명 부분에도 공감은 있었다. 하지만 그 당시에는 그 부분이 가장 큰 공감을 일으키지는 않았다.

공정의 붕괴

구_ 영화에서 자베르 경감은 아주 철두철미한 법치주의자, 형벌주의자, 보수주의자로 그려진다. 그런 자베르 경감을 어떻게 평가하나?

표_ 일단 우리나라 처지에서만 본다면 자베르 경감은 교과서적 인물이다. 이번 국정원 여직원 댓글 의혹 사건도 그렇지만 그보다 앞선 디도스 사건과 같이 '권력형'만 들어가면 경찰이나 검찰은 갑자기 무력해진다. 용산 철거민이나 쌍용차 등 일반 서민을 대상으로 한 사건에서는 지나칠 정도로 추상 같다. 대상에 따라 서로 다른 원칙을 적용하고 있는 거다. 하지만 자베르는 안 그럴 거다. 자기가 모시는 상관인 시장이 장발장으로 의심되는 상황이었다. 그때 자베르는 그 어떤 것의 눈치도 보지 않았다. 그리고 시장이 장발장으로 의심된다는 수사 보고서를 상부에 올렸다.

그런데 다른 사람이 잡히자 자베르는 시장에게 사과한다. 상대방이 전혀 모른 상태에서 장발장으로 의심된다는 보고서를 올린 것인데도 그는 바로 사과했다. 자베르는 상관이든 권력자든, 상대가 누구냐에 상관없이 '법을 어겼다', '범죄자다'라고 하면 사냥개처럼 무조건 수사한다. 그런 법 집행자에게 휴머니즘을 찾으라 하고, 정치적 타당성을 고려하라 하고, 시대정신을 헤아려 누구 편을 들라고 요구해서는 안 된다. 법 집행자는 공평하면 된다.

여든 야든 나쁜 사람이나 법을 어긴 사람은 수사하고 처벌하면 된다. 노동자와 사용자도 마찬가지다. 경영주와 노동자 중에 누가 파울 플레이를 했는지 찾아내 엄정하게 처벌하면 된다. 협약으로 풀고 정치로 푸는 부분은 자베르의 영역이 아니다. 법 집행자에게 정치를 요구해서는 안 된다. 그런 의미에서 자베르는 교과서다.

구_ 자베르 경감은 결국 자살한다. 이것은 더 이상 법 집행을 할 수 없는 상태에서 취할 수밖에 없는 극한의 선택으로 보인다.

표_ 그건 자아의 붕괴라고 봐야 한다. 그러니까 자베르는 철저하고 원칙적으로 오로지 법과 진실만을 정의라고 봤다. 그 위에 있는 메타적인 얘기나 광범위한 정의 부분은 모른다. 이것이 어떤 정치적 타당성이나 역사성을 가졌는지는 모른다는 거다. 자베르는 눈앞의 법을 어겼느냐 안 어겼느냐, 범죄를 저질렀느냐 안 저질렀느냐, 이것만 본다. 그것이 자베르의 삶이고 자베르의 정의다. 그런데 그런 그가 혁명군에게 잡혔다가 장발장에게 도움을 받게 된다.

자베르는 '나는 정의롭다. 나는 정의를 수행한다. 다른 것은 묻지 마라. 법을 어겼느냐 안 어겼느냐가 내 모든 기준이고 잣대며 정체성이고 가치다.' 이렇게 살아왔다. 그런데 그는 장발장을 '절대로 고쳐지지 않을 사람, 영원한 범죄자'로 규정했다. 그런 장발장이 아무런 이익과 이해도 없이 자기를 풀어줬다. 자베르를 풀어주면 자기한테 불리할 텐데도 풀어줬다. 그것은 악의 모습이 아니다. 자베르는 거기서 첫 번째로 흔들렸다. 그전까지 자베르는 '법을 어긴 자, 범죄자'를 악인으로 규정했다. 때문에 그들을 잡아서 어떤 무거운 형벌을 내려도 전혀 양심의 가책을 받지 않았다. 어떤 연민도 느낄 필요가 없었다. 그런데 장발장이라는 존재가 그런 자신의 모든 신념을 뒤집어버리고 흐트러뜨린 거다. 범죄자도 인간이라는 사실을, 범죄자가 자신보다 더 선을 잘 행할 수 있다는 것을 알게 됐다. 이것이 자베르의 신념을 확 흔들어버린 첫 번째 사건이다.

그다음 자베르는 또다시 장발장을 잡을 기회를 맞는다. 지하 하

> ❝ 〈레미제라블〉이라는 원제 자체가 '불쌍한 사람들', '고통받는 사람들'이란 뜻이다. 영화에 나오는 참혹한 서민들의 모습을 자신의 처지와 동일하게 생각하는 것 같다. 실직의 위험, 청년실업의 문제, 높은 등록금, 자녀 양육과 교육에 대한 부담, 아무리 노력해도 진입 장벽 때문에 계층 이동을 못하는 상황을 영화와 동일시한다. ❞

수구에서 마리우스를 업고 나오는 장발장을 발견한다. 체포할 수 있는 절호의 기회였다. 그때, 장발장이 호소한다. 청년을 바로 의사에게 보여야 하니 잠깐 시간을 달라고. 그리고 주소를 말할 테니 그리로 와달라고. 자베르는 거기서 얼어붙어 버렸다. 본래 자신의 모습이었다면 돌아볼 필요도 없이 수갑을 채워 끌고 갔을 거다. 그게 자베르다. 하지만 그러지 못했다. 왜? 자기가 빚을 졌으니까. 자기가 저 사람 때문에 목숨을 건졌으니까. 자신의 신념과 가치뿐만 아니라 인간으로서 느끼는 기본 양심이 있다. 첫 번째 정체성의 붕괴는 일단 고민거리로 남겨둘 수 있을지 모른다. 그러나 지금 장발장을 바로 체포하지 않은 행위는 스스로의 원칙을 깬 것이다. 그것도 자발적으로 말이다. 범죄자를 놔줬으니까.

스스로의 선택이었다. 그것도 개인적인 감정, 개인적인 이익, 개인적인 보은에 의한. 그것은 부패다. 자기가 가장 싫어하고 나쁘다고 보는, 법을 어기고 양심을 어기고 원칙을 어기는 범죄자의 모습을 따라하는 자신의 모습을 발견한 거다. 그러니 도저히 참을 수 없었다. 자기 존재의 의의를 찾을 수 없게 된 거다. 그래서 죽음을 선택했다. 이것은 굉장히 상징적인 거다.

자베르적 정의

구_ 자베르 경감과 자신을 비교하면, 어떤가?

표_ 나는 자베르보다는 조금 더 인간적이고 싶어 하는 사람이다. 예를 들어, 나라면 배고픈 조카를 위해서 빵을 훔쳤다는 장발장의 사정, 그리고 그 이후에 버려져 있을 조카들 때문에 도주한 점, 이런 점들을 충분히 감안했을 거다. 하지만 영화나 소설에서 그런 부분들까지 넣어버리면 스테레오타입이 형성되지 않았을 것이다. 그래서 그것을 뺀 것이다. 다만 원칙주의자로서 어떤 압력에도 굴하거나 흔들리지 않는, 오직 정의를 추구하겠다는 부분만큼은 닮고 싶다.

구_ 자베르 경감은 법이나 형벌에 정의가 있다고 확신하는 인물인데, 표 교수도 그렇게 생각하나?

표_ 그렇지는 않다. 자베르보단 공부를 좀 더 많이 했지 않나. (웃음) 하지만 현장에만 있었다면 자베르적인 모습을 추구했을지도 모른다. 현장에는 피해자가 있다. 법이 어겨지고 있다. 질서가 무너지고 있다. 그것들 모두 악이라고 규정할 수 있다. 그들을 하나라도 더 잡고 처벌하기 위해 자신이 존재한다고 생각했을 것 같다. 현장에만 계속 있었다면 그런 자베르적 정의가 나의 정의일 수도 있다고 생각한다.

그런데 다행스럽게도 공부를 할 기회가 있었고, 공부하면서 '처벌이 꼭 정의일까?'라는 다른 쪽 의견을 듣게 되었다. 다른 대안을 탐구하는 계기가 된 것이다. 회복적 정의라는 개념이 있다. 그런 차원에서 폭넓게 보면 꼭 처벌만이 정의는 아니다. 그렇게 폭넓고 철학적인 인식이 더해진 것이 지금 내가 갖추고 있는 정의다. 그러나 현장적 정의는 자베르적 정의일 것 같다.

> **" 48%의 국민들은
> 혁명군의 학생들처럼 패배했다 "**

구_ 다른 뮤지컬도 있는데 유독 영화 〈레미제라블〉이 한국에서 높은 인기를 끌고 있다. 그 이유는 어디에 있다고 보나?

표_ 〈레미제라블〉이 다루고 있는 시민혁명은 19세기의 일이다. 200년도 더 지난 옛날 프랑스에서 일어난 일이지만 지금 대한민국 상황과 동일하다고 볼 수 있는 요소들을 가지고 있다. 특히 그 당시에는 총칼로 일어서는 혁명이었다. 하지만 지금은 선거 혁명을 해야 하는 때다. 모두 일어나서 투표율을 높이고 색깔론이나 이념 논쟁의 틀을 깨고 독재의 잔재나 권력형 비리를 타개할 수 있다는 동기가 부여되어 있어서 그것에 고무되어 있는 상황이다. 하지만 마치 영화 〈레미제라블〉에서처럼, 비록 피를 흘리지는 않았다고 하지만 문재인 후보를 지지했던 48%의 국민들은 혁명군의 학생들처럼 패배했다. 그런 상황이 유사한 감정 효과를 불러일으켰다. 거기에 카타르시스를 느낀 거다. 비록 영화도 현실처럼 실패와 패배를 보여주긴 하지만 그 자체가 또 다른 희망으로 작용할 수 있는 여지를 남겼다. 역사도 그것을 보여준다. 영화 속 전투에서는 패배했지만 전쟁에서는 승리했고, 결국 공화정이 이루어졌다.

또한 〈레미제라블〉이라는 빅토르 위고의 원제 자체가 '불쌍한 사람들', '고통받는 사람들'이란 뜻이다. 지금 쌍용차나 한진중공업 등 다양한 노동계 현안들이 있다. 99%와 1%의 양극화 얘기도 많이 나오고 있다. 본인을 서민이라고 여기는 사람들은 영화처럼 참혹한 상황은 아니지만, 영화에 나오는 참혹한 서민들의 모습을 자신의 처지와 동일하게 생각하는 것 같다. 실직의 위험, 청년실업의 문제, 높은 등록금, 자녀 양육과 교육에 대한 부담, 아무리 노력해도 진입 장벽 때문에 계층 이동을 못하는 상황을 영화와 동일시한다. 누군가 그런 상황을 다루어주고, 이야기해주고, 그들을 위해서 일하는 누군가가 있다는 것을 보여주고 있기 때문에 카타르시스를 주지 않나 싶다.

휴머니즘 혁명

구_ 당시 프랑스와 지금 우리의 상황은 상당히 다르다. 대선 패배라는 결과 때문에 과잉 반응을 보인다고 생각하지 않나?

표_ 분명히 과잉돼 있다. 그게 대선 패배와 시기적으로 맞물렸던 거고. 영화 배급사 쪽은 그래서 대박이 난 거다. (웃음) 사실은 나도 한국 영화를 정말 사랑하는 사람이고 한국 영화의 발전을 돕고 싶은 마음이지만 지금 이 순간만큼은 〈레미제라블〉밖에 없다고 봤다. 어쩔 수 없다. 그게 과장되었지만 지금 그것만큼 카타르시스를 주는 것은 없다고 본다.

물론 〈26년〉이나 〈남영동 1985〉도 있지만 그 영화들은 아주 직설적이다. 반면 영화 〈레미제라블〉은 사치스러울 정도로 포장돼 있다. 장엄한 서사도 있고, 사랑도 들어가고. 그런 영화가 사람들 마음을 뻥 뚫어주기 때문에 그런 효과를 인정해줄 수밖에 없다는 거다.

구_ 혁명기에 혁명을 하는 사람이 있는가 하면, 사랑을 하는 사람도 있다. 그 혁명기에 혁명을 하는 것과 사랑을 하는 것 중 하나를 선택해야 한다면 어느 쪽을 선택했을까?

표_ 나는 마리우스와 비슷했을 것 같다. 그래서 사람들이 더 열광하나 보다. 나 역시 보통 사람의 정서나 범주에 있다고 생각한다. 그런데 사랑이 없는 혁명은 아주 잔혹하고, 좀 무섭다. 다만 사랑이라는 개인감정 때문에 사회적으로 중대한 부분들을 포기하게 되면 그것도 결과적으로는 값싼 감상주의가 될 것이다. 마리우스가 가진 고뇌가 그런 것이 아닌가? '자기에게 솔직하고 싶다. 본능에 솔직하고 싶다.' 이런 거다.

이게 딜레마다. 정말 눈이 번쩍 뜨이는 사랑의 대상을 찾았는데, 괴력의 이성을 발휘해서 이념과 혁명, 그리고 투쟁이라는 것 때문에 '나는 저런 값싼 감상주의에는 매몰되지 않아.' 그랬다면 그게 솔직한 것일까? 솔직하지 않다는 것이다. 그런 점에서 마리우스는 참 좋은 모습이었던 것 같다. 동료들이 '어제는 혁명 전사였다가 오늘은 돈 후안이 됐구나.' 하고 놀려대지만 그들조차도 사랑을 하는 그를 압박하지는 않는다. '너는 그러면 안 돼. 잘못됐어!' 하고 압박하거나 밖으로 내쫓지 않고, 마리우스의 선택을 존중해줬다. 결국은 그것이 순수하다는 것 아니겠나.

구_ '사랑 없는 혁명은 잔혹하다'고 했는데 결국 휴머니즘이 중요하다는 얘기 아닌가?
표_ 그렇다.

구_ 우리 사회에도 휴머니즘의 작동이 상당히 중요해 보인다.
표_ 일단 모든 것의 중심을 사람으로 봤으면 좋겠다. 우리의 건국이념도 '인간을 널리 이롭게 하라'는 홍익인간이 아닌가. 지금 이념, 경제, 경쟁, 산업부흥 등 여러 가지 가치가 있지만 그 모든 것의 중심에 인간이 없다면 아주 삭막하고 허무할 것 같다. 특히 인간이 빠진 삭막한 발전, 삭막한 성장, 삭막한 경제, 이런 것들이 결국 불러온 비극을 우리는 이미 목격했지 않은가. 혁명이든 산업적 성장이든 부의 축적이든 또는 정치든 행정이든 치안이든 경찰이든 어떤 부분이든 간에 결국 그 중심 가치, 원천은 인간이어야 하지 않을까? '혹시 이게 잘하는 걸까?', '무슨 문제는 없을까?' 이런 의문이 드는 순간에 사람을 중심에 두고 한번 생각했다면 그런 큰 문제들을 막아낼 수 있었지 않을까? 예를 들면 용산 참사도 그런 경우다. 여기에도 여러 가지 가치들이 난무한다. 개발의 필요성도 있는가 하면 정리되지 않은 세입자의 권리가 있다. 이런 것들이 서로 혼재되어 있는데, 그런 것들의 중심에 인간이 없었다. 일단 인간의 생명이 손상될 수 있는 일은 절대로 해서는 안 된다.

> **우리는 혁명이 필요할 때
> 혁명을 제대로 겪지 못했다**

구_ 우리나라 역사에서 특히 근대화 이후에 휴머니즘 문제를 지나치게 외면한 시기가 있지 않았나 싶다. 사람들이 이제서야 '휴머니즘이 중요하다'는 사실에 서서히 눈을 떠가고 있는 것 같다.

표_ 동감한다. 특히 나는 우리의 과거를 단순하게 보고 싶지 않다. 과거는 대부분 인간이 빠진 성장, 인간이 빠진 정치, 인간이 배제된 발전이었다. 그 과정에서 많은 희생자가 있었다. 그런데 그 이면에는 우리가 그럴 수밖에 없었던 부분도 있는 게 사실이다. 대한민국은 전쟁의 참화 속에 아주 비참하고 가난하게 살았었다. 그래서 '일단 잘 먹고 잘 살아야 인간성이고 정의고 있을 것 아니냐?' 이렇게 생각하던 시대가 있었다. 그 시기에 그런 국민 정서를 이용했든 악용했든, 가장 중요했던 '일단 먹고 살자'라는 가치를 우리는 인정해야 한다.

구_ 현실적으로 그럴 수밖에 없었다?

표_ 그렇다. 하지만 그 과정에서 인간이라는 부분이 아주 도외

시됐던 것도 분명히 짚고 넘어가야 한다. 그 부분을 반성해야 하고 추궁해야 하며 그럼으로써 진실을 발견하고 정의를 구해야 한다. 이것은 결코 놓쳐서는 안 되는 부분이다. 지금은 과거처럼 그렇게 먹고 사는 문제, 강해져야 한다는 논리에 매몰될 때가 아니다. 지금 그렇게 해서 강해지거나 잘 살게 될까? 그렇지 않다. 지금은 오히려 인간이라는 요소를 제대로 살피지 않으면 국제적인 경쟁 구도에서 밀려나게 될 것이다. 최근에는 문화 콘텐츠, 문화 산업이 공장 산업보다 훨씬 더 중요하고 커다란 부분을 차지한다.

애플이나 구글이 집중하는 것이 무엇인지 생각하면 쉽다. 결국 인간을 중심에 두어서 인간의 마음을 어떻게 사로잡고, 인간중심적이고 인간편의적인 콘텐츠를 개발하느냐. 이게 지금의 핵심이다. 그렇기 때문에라도 인간이 중심이어야 한다. 여기에서 짚고 넘어가야 할 게 있다. '그것 때문에라도'라고 얘기한 거지, '그것 때문이어야 한다'는 것은 아니다. 우리가 지금 조금 덜 잘 산다고 해도 인간이란 가치를 소홀히 하면 안 된다는 것은 좀 더 여유가 생겼으니까 좀 더 많이 이야기해야 할 것 같다.

구_ 《난장이가 쏘아올린 작은 공》을 쓴 조세희 선생이 언젠가 '우리는 혁명이 필요할 때 혁명을 제대로 겪지 못했다'고 얘기한 적이 있다. 우리가 제대로 된 혁명을 겪지 못한 것이 지금의 역사 인식 등 여러 부분에 영향을 미치고 있다는 시각도 있다.

표_ 필요한 지적이다. 하지만 모두가 동의할 필요는 없다. 역사에 가정은 없다. 예를 들어 '동학혁명이 성공해서 일제에 복속되기 전에 우리가 새로운 형태의 민주국가를 수립했더라면 어땠을까?' 이렇게 가정할 수 있지만 그것은 현실에서 이루어지지 않았다. 그러면 누구의 잘못인가. 동학혁명에 참가하지 않은 사람들이 잘못한 것이고, 그들이 그 잘못을 사과해야 하는가? 그건 아니라고 본다. 역사는 역사에 맡겨야 한다. 그럴 수밖에 없었던 다양한 요인들이 있다.

그 이후에도 다양한 형태의 독립 혁명이 있었지만 계파와 이념으로 찢겨 결국은 우리 스스로의 힘에 의한 독립을 이루지 못했다. 한국전쟁도 마찬가지였고. 민주화도 6·29 선언까지는 이끌어냈지만 이후 민주 정부를 직접 수립하지는 못했다. 조세희 선생의 말은 그렇게 받아들여야 할 것 같다. 4·19 때도 쫓아내기는 했지만 그 이후까지를 담보해내지 못했다. 조세희 선생의 말은 결국 또다시 정치가들과 야심가들, 독재자들의 잔치판만 만들어준 것 아니냐는 지적인 것 같다. 충분히 일리 있는 이야기다. 하지만 그렇다고 해서 그 모든 노력들이 허사였다거나 그분들의 숭고한 희생의 의미가 희석되어야 하는 것은 아니다. 역사는 역사 그대로 봐야 하지 않을까?

구_ 혹시 한국이든 다른 나라든 역사 공부를 하면서 인상 깊었던 혁명이 있나?

표_ 혁명은 다 인상 깊다. 특히 〈레미제라블〉에 나오는 프랑스 혁명은 시민이 주체였다. 이념이나 의도적인 조직에 의해 일어난 혁명이라기보다 대단히 자연발생적인 시민 의식의 발로였다. 그런 점에서 인상적이었다. 그래서인지 그 속에서는 낭만적 요소가 많이 발견된다. 전투에서 흘린 건 피만이 아니다. 혁명 속에 있었던 청춘들의 낭만과 희생, 쓰러짐, 이런 것들이 함께 뿜어져 나온 것이다.

마찬가지로 체 게바라를 제대로 알지 못하는 사람도 혁명가가 새겨진 티셔츠를 사고 즐겨 입는다. 일반 사람들도 대중 예술가들도 여전히 체 게바라를 숭상하고 기리는 모습을 본다. 심지어 본인이 보수 우파라고 얘기하는 사람 중에도 체 게바라에 관한 추억이나 그리움을 얘기하는 분들이 있다. 그만큼 체 게바라는 히틀러나 스탈린 같은 부류의 냉혈한 혁명가라기보다 인간적인 사람이었고, 인간을 감동시킬 수 있었고, 거기에 자기는 아무것도 가지지 않은 사람이었다. 모든 것을 혁명에 바치고 자기는 홀연히 떠났다. 체 게바라는 그런 모습을 가진 대단히 인상적인 혁명가다.

구_ 체 게바라는 자기가 만들어낸 권력조차 놓아버렸다.

표_ 그게 진정한 혁명의 의미 아닌가. 왜 혁명을 하는가? 처음에는 다들 공공을 위해서, 세상을 위해서, 민주를 위해서 한다고 말한다. 그런데 과정과 결과를 보면 자신이 권력을 탐하고, 취하고, 나 아니면 안 된다는 독선을 피운다. 실제 그런 모습이 대단히 많지 않은가. 그러나 체 게바라의 모습은 전혀 그렇지 않았다. 그것은 결과로 증명된다. 그 사람이 처음에 내걸었던 가치와 그 과정에서 발휘했던 지도력 등 모든 것이 순수했음을 알 수 있다. 그 스스로 내걸었던 가치가 그대로 그의 삶에서 표현되어왔다는 것이다. 그래서 더 인상적이다.

구_ 성공한 혁명 중 하나가 러시아 사회주의혁명이다. 그런 점에서 보면 레닌은 체 게바라와 전혀 다른 느낌의 혁명가가 아닐까 싶은데?

표_ 레닌은 체 게바라와 다르다. 레닌은 대단히 냉철하고 이성적이고 전략적이었다. 그런 사람이었기에 혁명을 성공으로 이끌어낼 수 있었다. 러시아 제정 왕정의 힘이 얼마나 막강했나. 게다가 당시 러시아 민초들이 깨어 있거나 교육을 많이 받은 상태도 아니었다. 그렇기 때문에 순수한 낭만, 또는 인간성, 인간을 향한 사랑, 이것만 가지고는 혁명의 성공이 어려웠다. 톨스토이 스스로도 혁명적 운동을 벌이기도 했지만 결국은 성공하지 못했다. 이런 부분을 보면 레닌은 대단히 인상적인 혁명가다. 하지만 러시아혁명 자체는 결과적으로 스탈린의 독재를 불러왔고, 차디찬 냉혈한의 흐름으로 이어졌다. 결국은 공산주의 혁명이 처음에 지향했던

'모든 인간이 평등하게 잘 살자'는 혁명 정신을 구현하지 못했다. 이는 냉혈로 무장하고 전략에 매몰되고 합리와 논리를 지나치게 강조한 혁명의 결과일 것이다.

구_ 결국 혁명에 휴머니즘적 요소가 없어서 그랬던 것은 아닐까?
표_ 그렇다. 우리나라도 마찬가지였다. 동학에는 휴머니즘이 상당히 많았다. 그런데 안타깝게도 워낙 외세의 힘이 강했고, 우리 민족 내부에서 일어난 굉장한 갈등이 있었다. '과연 저들이 성공할 수 있을까. 그리고 저들이 만약 성공하면 우리가 다 뺏길 텐데.' 이런 것이 결국 동학혁명을 실패로 몰아가게 된 것 같다. 만약 동학혁명이 그런 인본주의적, 휴머니즘적 요소가 중심에 깔려 있는 가운데 이성적이고 합리적이며 전략적인 요소까지 가미돼 성공했더라면 얼마나 좋았을까. 우리는 이런 이야기를 많이 한다. 그런데 그 이후에 일어난 공산주의 혁명, 인민혁명은 지나치게 냉혹했고, 잔혹했다. 오직 무장화, 의식화만이 혁명을 성공으로 이끄는 길이라고 생각했다. 혁명의 성공을 위해서는 가족도 필요 없고, 사랑마저도 도구로 이용해야 한다는 생각이 팽배했다. 그것이 지금 북한을 비인간적으로 전락시키지 않았나 싶다.

02
반공과 좌빨

> **" 보수주의자로서,
> 고백하고 요구하고
> 경고합니다 "**

한 장의 사진

구_ '보수주의자로서, 고백하고 요구하고 경고합니다'라는 글을 보면서 표 교수가 이런 글을 쓸 거라고는 생각지 못했다. 범죄학을 하는 사람은 대체로 보수적이라는 생각이 강했다. 왜 그런 글을 쓴 것인가?

표_ 쓰고 싶으니까 썼다. (웃음) 그 글이 그대로의 마음이었다. 사직서를 던지던 그 시점, 그때의 선택에 모든 것들이 들어 있다. 그 전까지는 어떤 의무감, 채무 의식으로 살아왔다. 국민 세금으로 대학 4년을 공짜로 다녔고, 경찰 간부라는 혜택도 누렸고, 유학도 다녀왔다. 그래서 나는 당연히 국가와 국민들로부터 받은 혜택에 보상해야 한다는 대단히 엄중한 채무 의식에 시달리고 있었다.

지금의 커밍아웃이나 글들도 채무 의식의 발현에 해당될 수 있지 않을까 싶지만, 그 당시에는 좀 더 좁게 봤다. 국가와 정부, 경찰이 나의 고용주고, 나는 그들에게 채무를 지고 있다 생각했다.

그래서 난 그런 역할을 해줘야 한다고 생각한 것이고, 중요한 현안과 이슈가 있을 때마다 경찰이나 정부, 국가를 위한 방패막이나 전도사로 나섰다. 하지만 늘 한쪽에서는 이게 진정 하고 싶은 이야기였던가 하는 생각이 들었다. 사실 그 이면에 개인적으로 다른 이야기를 하고 싶었던 부분도 꽤 있었다. 자유나 권리나 민주, 이런 부분들을 얘기하고 싶었다.

하지만 그 당시 상황에는 인권과 자유를 걸고 경찰과 정부를 공격하는 한쪽과 정부와 경찰의 법 집행이라는 또 다른 쪽이 있었다. 나는 국가의 안녕과 질서라는 명분으로 방어를 해야 하는 처지였다. 그때 나는 정부와 경찰에 고용된 동시에 채무를 진 사람으로 정부를 도와야 했다. 이런 것들이 계속 이어져왔다. 그런데 이번에 그동안 해왔던 모든 행동과 언행들에 쌓였던 부담감과 채무 의식이 폭발한 것 같다. 이 부분이 국민적 선택, 대통령 선거와 관련해 아주 중요했고, '이건 정말 아니지 않은가?' 하는 생각이 들면서 지금부터 나는 아무것에도 구애받고 싶지 않다는 마음이 생겼다.

할 만큼 했다는 생각이 들었다. 이제는 정말 자유롭게, 그야말로 자신이 느끼고 생각하는 것들을 말하고 싶었다. 이것이 사직서를 던지던 당시의 생각이고 심리 상태다. 그 이후의 글쓰기는 그 전과는 다르다. 정말 내가 옳다고 느끼는 것, 정말 어떤 이론과 증거와 사실에 바탕을 두고 판단했을 때 무엇이 바르고 무엇이 틀렸느냐는 거다.

구_ 채무 의식을 벗어던지게 된 계기가 인터넷 댓글 달기 의혹을 받던 국정원 직원의 오피스텔 앞에 경찰 간부가 무력하게 서 있던 장면인가?

표_ 그렇다. 그 사진 한 장이었다. 그 전에는 '엄정한 정치적 중립을 선언합니다'라는 글도 올렸었다. 국민 안전 공약을 만드는 위원으로 와달라는 새누리당의 요청도 있었다. 그러나 정치에 몸담고 싶지 않았고, 한쪽 편에 서고 싶지 않아서 거절했다. 혹시 다른 쪽에서도 요청이 올 수 있을 거 같아서 아예 '나는 엄정한 정치적 중립을 지키고 싶다. 한쪽 정치 세력에서 이런 연락이 왔지만 거절했으니 다른 요청에도 그럴 것이다. 혹시라도 인력풀을 만들려고 한다면 나는 빼달라'고 했다.

대선에서도 정치적인 관심을 가지고 싶지 않았다. 그런데 갑자기 그 사진 한 장이 날 건드렸다. 그 사진 한 장에는 아주 애처롭고 초라한 모습이 담겨 있었다. 남녀의 문제를 떠나 경찰서의 수사과장이라는 사람이 그 얇디얇은 오피스텔 문 앞에서 마치 구걸하듯 '문 좀 열어 주세요.' 하는 것은 경찰의 모습, 자베르 경감의 모습이 아니다. 상대방이 약자기 때문에 그 약자를 존중하고 배려한다는 측면이었다면 이해할 수 있었을 것이다. 하지만 상대는 강자다. 강자 앞에 그런 유약한 모습을 보이는 건 경찰의 바람직한 모습이 아니다.

그곳에서 그동안 내가 가지고 있던 채무 의식이 확 터져버렸다.

'그래, 나도 이제 이 사건을 좀 얘기해야겠다. 아무도 이야기할 것 같지 않고, 다들 두려워하고 불편해하니까. 나밖에 더 있어. 하지만 내가 이런 채무 의식으로 무장된 경찰대 교수라는 타이틀을 가지고 있는 한 나는 그런 얘기를 못해.' 그래서 사직하게 된 거다.

오피스텔의 문

구_ 결국 그 오피스텔 앞에 자베르 경감은 없었다는 말인가?

표_ 없었다. 있었다면 부수고 들어갔다. '장발장 나와!' 하고. 과거 경찰은 수배자가 있는지 없는지 모르는 상황이어도 있다고 의심되면 과감하게 박차고 들어갔다. 박종철 군은 수배자도 아니고 아무런 혐의도 없었다. 단지 수배자인 선배를 숨겨주지 않았느냐는 것만으로 데려다가 고문해서 죽였다. 그런데 그 오피스텔 문 하나 부수면 그게 얼마나 손상이 갈까? 그게 무서워서……. 인권 얘기는 난센스라 생각하고.

구_ 당시 현장에 나도 있었는데, 국정원 직원이긴 하지만 여성이어서 공권력 행사의 강도가 낮아진 것 같다.

표_ 그게 컸다. 그러니까 그 힘으로 대선 때까지 버틴 거다.

구_ 새누리당의 방어 논리도 그것이었다.

표_ 그런 논리를 깨기 위해 '약자가 아니다. 남녀의 문제가 아니

다. 그가 가진 신분을 봐야 한다. 그 뒤에 있는 기관을 봐야 한다.'
계속 이야기했지만, 결국 안 됐다.

> **이제는 정말 자유롭게,
> 느끼고 생각하는 것들을 말하고 싶다**

구_ 보수주의는 한편 법치주의인데, 체포영장이나 수색영장 없이 그 오피스텔에 들어갈 수는 없지 않나?

표_ 법치주의의 근간이자 핵심 원천은 헌법이다. 헌법 제37조 2항에 대한민국의 철학적인 정체성이 나와 있다. 개인의 권리와 관련된 헌법 조항이 많은데, '국민의 모든 자유와 권리는 국가안전보장·질서유지 또는 공공복리를 위하여 필요한 경우에 한해 법률로써 제한할 수 있다'는 것이 헌법 제37조 2항이다. 하지만 그렇게 제한하는 경우에도 자유와 권리의 본질적인 내용은 침해할 수 없도록 규정해놓았다. 그다음 인신의 구속, 압수수색 등 강제수사절차에는 '검사가 청구하고, 판사가 발부한' 영장이 요구된다.

그런데 이 헌법 제37조 2항의 해석에 따라서 영장주의의 예외라는 것이 생겨나게 된다. 예외적인 상황들이 있다는 것이다. 이것은 헌법 제37조 2항의 해석에서 비롯된 것이다. 영장 없이 진입, 압수 등을 통해 인신의 자유를 제한하는 경우가 가능한가? 우리가 가장 쉽게 떠올릴 수 있는 것은 생명의 위급성이다. 저 사람이 지금 죽을 수도 있는데 영장을 받으러 돌아다닌다는 게 말이 안 되지 않나. 그때는 119든 경찰이든 국가의 법 집행권한을 가진 공무원은 생명을 구하기 위해 당연히 영장이 없어도 문을 부수고 들어갈 수 있고, 죽으려는 사람을 죽지 못하게 하기 위해 개인의 자유를 제한할 수 있다. 이게 '즉시강제'라는 개념이다. 생명을 구하기 위한 것이 즉시강제의 가장 대표적인 예다.

또 범죄를 중단시키기 위해서나 급박한 행정 목적을 달성할 때도 즉시강제가 필요하다. '음반 및 비디오에 관한 법률'은 불법 비디오물이나 음란물을 보관, 유통, 판매하고 있다고 의심되는 장소에 공무원이 영장 없이 진입해서 확인하고 수거할 수 있다고 규정한다. 그것이 영장주의에 반하는 것 아니냐는 소가 헌법재판소에 제기된 적이 있다. 그런데 헌법재판소는 진입해서 확인하지 않는다면 단속 대상물인 불법 음반이나 비디오물을 은닉하거나 인멸할 수 있기 때문에 그 규정은 헌법에 합치된다고 판결했다.

이를 이번 국정원 여직원 댓글 알바 의혹 사건에 대입해보자. 일단 공직선거법은 엄중하고 공정한 선거관리를 위해 선거관리위원이 공직선거법에 위반되거나 위반이 의심되는 사안이 발견되거나 입증되거나, 또는 현재 벌어지고 있다는 신고를 받을 경우 영장 없이도 현장에 진입해서 증거물품을 압수하고 수거할 수 있다고 규정하고 있다. 그런데 증거가 없는데 어떻게 혐의를 구성할 수 있느냐고 질문한다. 증거는 수사의 결과로 나오게 되는 것이다. 그 혐의가 저 안으로 들어갔을 때 충분히 밝힐 수 있는 것이냐는 현장 공무원의 판단 영역이다.

또 다른 요건은 신고다. 현재 공직선거법 위반 행위가 벌어지고 있다는 신고가 들어오면 일단 현장에 들어가야 한다. 신고자가 일부러 허위 사실을 통해 공무원의 법 집행을 유도했다면 그것은 위계에 의한 공무집행방해죄로 처벌하면 된다. 또한 경찰관직무집행법상 경찰의 직무는 생명과 안전을 보호하고 공공의 안녕과 질서를 유지하는 것이다. 그런데 그 업무를 집행하는 데 있어 때로는 영장을 발부받지 못할 급박한 사안이 있을 수 있다. 그때는 경찰관이 즉시강제를 통해 현장에 들어가 목적을 달성해야 한다.

여직원의 신분은 국정원 직원이라는 게 밝혀졌다. 국정원법에 따르면 국정원 소속 공무원은 결코 정치적 활동을 하거나 정치에 개입해서는 안 된다. 그것을 위반한 의혹이 있다면 증거인멸 방지, 현행범 체포 등을 위해 현장인 오피스텔에 진입할 수 있다. 그 근거는 헌법 제37조 2항, 공직선거법, 경찰관직무집행법에 다 들어 있다.

진정한 보수

구_ 이런 생각이 스스로 '보수주의자고 반공주의자다.' 이렇게 선언한 부분과 맞닿아 있는가? 그렇다면 어떤 점에서 그런가?

표_ 나는 기본적으로 대한민국의 헌법, 현 체제, 자유민주주의, 자본주의적 경제 기반을 지켜야 한다고 생각한다. 그게 보수 아닌가? 그러한 자유민주주의의 기본 가치에서 벗어나는 관행과 행태가 있다면 그것은 당연히 고쳐야 하고, 시대 상황에 맞지 않는 것도 고쳐나가는 것이 보수라고 나는 본다. 그런데 흔히들 자신이 보수라고 하는 자들의 행태를 보면 전혀 그렇지 않다. 자신들을 보수라고 하면서 보수의 핵심 가치인 언론의 자유를 탄압하고, 개인의 인권을 유린해왔다. 그러면서 국가권력의 권력자들에게는 이중 잣대를 들이댄다. 이것은 보수의 모습이 아니다.

지금의 보수도 봉건주의를 타파할 당시에는 진보였다. 그 진보는 봉건주의의 반칙을 용서하지 않겠다는 거였다. 세 가지 성역이었던 왕권, 성직자, 귀족의 유착에 의해서 진실이 덮이고, 정의가 땅에 묻히고, 불의가 행해지는 것을 바꾸기 위해 일어선 게 계몽주의고 자유주의다. 그리고 그것이 현 보수의 가치를 이루고 있다. 그렇다면 자기들이 옛날 절대왕정 때처럼 그런 짓을 하면 안 되는 거다. 그게 무슨 보수인가? 그래서 공정 경쟁하라는 것이다. 과거의 구체제, 즉 앙시앵 레짐을 반대하고 나왔다면 당신들을 앙시앵 레짐이라고 부르는 새로운 진보가 나타나도 그들에게 당당하라는 거다. '우리는 구체제가 아니다. 아직은 우리도 신체제로서의 가치를 가지고 있다'고 말이다.

그러면서 공정 경쟁을 해야 한다. 그런데 '왜 우릴 비난해? 왜 우릴 욕해? 넌 좌빨이야. 입 닫아!'라고 한다. 이는 보수로서의 당당함이 아니다. 그건 진정한 보수주의자가 아니라는 말이다.

❝ 그런데 흔히들 자신이 보수라고 하는 자들의 행태를 보면 전혀 그렇지 않다. 자신들을 보수라고 하면서 보수의 핵심 가치인 언론의 자유를 탄압하고, 개인의 인권을 유린해왔다. 그러면서 국가권력의 권력자들에게는 이중 잣대를 들이댄다. 이것은 보수의 모습이 아니다. ❞

구_ 민주화운동 시기인 80년대 대학을 다닌 세대인데도 '반공주의자'라고 스스로를 규정한 점이 이채롭다. 그럴 만한 이유가 있었나?

표_ '종북 좌빨론'을 깨뜨리려고 그런 거다. 나를 봐라. 난 철저한 반공주의잔데, 내가 봤을 때 야당은 좌빨이 아니다. 그냥 보수다. 보수끼리 서로 싸우는 건데 왜 상대방에게 좌빨이라고 하나? 이건 공정한 경기가 아니다. 서로 깨끗하게 누가 더 실효성 있고 더 좋은 정책을 내는지, 누가 더 국민들에게 나은 세상을 줄 건지, 누가 더 좋은 인물을 내세웠는지를 보자는 건데 자꾸 그런 것들을 희석시키는 색깔론을 얘기한다. 그게 아주 답답했다. 그래서 '나는 반공주의자다'라고 한 거다.

반공주의자인 내 눈에 저 사람들은 절대로 빨갱이가 아니다. 지난 국민의 정부, 참여정부에서 각종 위원회 등에 참여해서 다 봤다. 봤지만 저 사람들은 절대로 좌빨이 아니었다. 철저하게 우리 자유민주주의 헌법을 지키고 수호하려는 사람들인데, 왜 저 사람들을 보고 좌빨이라 하는가? 그것을 설득하기 위해서 일부러 나를 극단적인 반공주의자라고 선언한 거다. 물론 레드콤플렉스를 벗어나야 한다는 점도 있지만 그런 것을 설명하려면 많이 복잡해진다. 그래서 단순하게 '나는 반공주의자다. 난 공산주의가 싫다'고 한 거다.

아버지는 공산주의를 피해서 내려온 분이고, 우리는 공산화되면 제일 먼저 죽을 사람들이다. 내 신분이 제일 먼저 죽인다는 경찰이지 않나. 공산주의 세력은 항상 군보다 경찰을 먼저 죽였다. 우리 아버지는 평생 내게 '공산당 말 믿지 마라. 절대로 북한 믿어선 안 된다'고 얘기했다. 아버지는 진짜 반공주의자였다. 다만 나는 우리 세대와 지식인의 특성상 그런 무분별한 반공주의자는 아니다. 하지만 사람들이 그걸 이해하지 못하기 때문에 그냥 반공주의자라고 이야기한 거다.

지독한 반공주의자 아버지

구_ 그렇게 '반공주의자' 혹은 '보수주의자'가 된 데는 아버지의 영향이 컸나?

표_ 아버지의 영향도 컸고, 살아온 환경의 영향도 컸다. 그리고 성인이 되어서는 스스로 공부하고 탐구하면서 사상적, 이념적 정체성을 찾기 위해 나름대로 많은 노력을 했다. 그 결과 나는 보수주의가 옳다는 결론을 내렸다. 물론 진보가 지향하는 이상에도 충분히 공감하고 동의한다. 하지만 그 이상이 주류가 되고 현실이 되는 상황은 아주 위험하고, 모험적이다. 아직 검증되지도 않았다. 다만 그런 진보가 건전하게 받쳐줘야, 건전한 비판을 해줘야만 보수도 썩지 않고 독주하지 않고 건전하게 운영될 수 있다.

구_ 아버지는 어떤 분이었나?
표_ 아버지는 어렸을 때 엄청나게 엄하고 무서운 분이셨다. 열

> **❝ 아버지는 공산주의를
> 두려워하고, 불신하고, 혐오했다 ❞**

일곱 살 때 북에 가족을 두고 남하한 불행한 가정사를 가진 분이다. 그래서 공산주의를 두려워하고, 불신하고, 혐오했다. 그리고 남한에 와서 혈혈단신 아무도 없는 상황에서 해병대에 자원입대했다. 전쟁의 혼란기에서 할 수 있는 일이 없다고 판단한 아버지는 해병대에 입대해서 하사관에서 중사에 이르는, 상당히 오랜 기간을 복무했다.

그 과정에서도 공부는 계속 하고 싶어 하셨다. 그 당시 해병대 훈련을 받으면서도 《삼위일체》라는 영어 교본과 사전을 가지고 다니며 한 장 한 장 외워서 다 씹어 먹었다고 하더라. 이런 방식으로 공부해서 미 해병의 훈련을 받는 교관후보요원에 선발됐다. 미 해병에 가서 교육을 받으셨고, 필리핀, 오키나와, 대만 등 미 해병기지가 있는 곳에서도 훈련을 받았다. 다시 한국에 돌아와 해병대 교관요원으로 오래 근무했다. 월남전에도 참전했고, 퇴역 이후에도 다시 월남에 갔다 왔다. 그 과정에서 연락이 한동안 끊겼다. 그래서 송금이 끊겼고 우리 가족은 경제적 지원 없이 버려지게 되었다. 내게 그런 유년기가 있었다. 어머니가 남의 밭에서 농사일하거나 보따리장수, 행상 등을 해서 먹고 살았던 때도 있었다. 그러다 아버지가 돌아오셨다.

그때 아버지는 해병대에서 교관 생활을 하던 방식 그대로 아들들을 교육시켰다. 어린 시절 가장 또렷하게 떠오르는 기억은 아버지가 새벽에 깨우는 거다. 막 싫다고 하면 사내자식이 그래 갖고 어떻게 하려고 그러냐며 혼을 냈고, 나는 서러움에 눈물을 흘렸던 기억도 있다. 나가서 구보하고 산에도 갔다 오고, 겨울에도 냉수마찰을 했다. 잘못하면 엎드려뻗쳐서 야구방망이로 맞거나 동네를 열 바퀴, 스무 바퀴 돌았다. 동네 사람들이 다 알았다고 하더라. 형벌의 종류에 따라서 '쟤가 오늘 이런이런 잘못을 저질렀을 거야'라고 예상한 거다. 아버지의 존재는 그렇게 컸다.

내가 잘못하고, 나태하고, 게으르고, 말썽 부리고, 거짓말하고, 형한테 대들 때마다 그런 체벌과 함께 무릎 꿇고 한두 시간 교훈적인 말씀을 해주셨다. '내가 북한에 가족을 남겨두고 혼자 내려와 어떻게 살았는데, 네가 이렇게 나태하고, 게으르고, 말썽 부리고 살면 되겠느냐?' 이런 교훈적인 말씀을 귀에 못이 박히도록 듣고 자랐다. 그랬기에 한편으로는 '그렇다고 제가 아버지처럼 살아야 겠습니까?' 하는 반발감도 많이 생겼지만, (웃음) 한편으로는 그게 계속 세뇌가 됐다. '아, 공산당은 정말 나쁘고 무섭구나.' 할아버지, 할머니, 삼촌, 고모 등 한 번도 얼굴을 본 적이 없는데도 명절이나 생신 때는 온 가족이 북쪽을 향해서 절을 했다. 나침반을 가지고 북쪽을 찾아서 절했다. 생사를 모르니까. 그렇게 컸다. 그러다 시간이 나면 북쪽과 가장 가까운 곳인 임진각에 가족 전체가 찾아갔다. 그렇게 살았다. 그렇게 아버지가 준 영향력은 지대했다.

특히 영어라는 부분에서 아버지의 영향력이 컸다. 아버지가 미 해병 교육을 받으시면서 영어를 체득했기 때문인지 아들들한테도 영어를 가르치려고 많이 노력했다. 형은 수학을 더 좋아했지만, 나는 어렸을 때부터 영어를 상당히 잘 흡수했다. 중학교 이후 영어에서만큼은 늘 100점이었다. 심지어 중학교 때 영어 선생님이 시험지를 주며 채점해오라고 했을 정도다. 다 아버지 덕분이었다. 내가 불량스러워지면서도 늘 상위권 성적을 유지할 수 있었던 배경에는 영어가 큰 몫을 했다. 다른 친구들보다 공부에만 매달리지 않고 친구들의 문제, 그 당시 청소년들이 학교에서 겪을 수 있는 문제를 제기하거나 탐구하면서, 책도 많이 읽고 음악도 많이 들었다. 그러면서도 상위권을 유지할 수 있었던 것이 다 영어 성적 때문이었다.

구_ 그때는 엄한 아버지에 반발하지 않았나?

표_ 대체로 받아들였다. 왜냐하면 무서운 것보다는 아버지의 불행한 삶에 더 많이 공감했고 그 삶이 이해됐기 때문이다. '나름대로 열심히 잘하는데도 아버지는 왜 매일 나를 이렇게 야단만 칠까? 왜 다른 아버지처럼 다정한 게 하나도 없을까?' 이런 생각도 많이 들었다. 하지만 그 이면에 아버지가 겪었던 험한 일들을 알았기 때문에 반발하고 싶지는 않았다. 반면 어머니에게는 반발을 굉장히 많이 했다.

구_ 왜 그랬나?

표_ 어머니도 대단히 강했다. 그런데 두 분이 많이 다퉜다. 가장 큰 이유는 아버지의 공백 기간 때문이었다. 애가 둘이나 있는, 가장 힘든 때에 월남에 가서 연락이 뚝 끊기고, 송금도 끊기고, 편지를 아무리 보내도 답장은 안 오고. 그런 상황을 겪으면서 어머니에게 한이 맺힌 거다. 그 후에 아버지가 다시 와서 사는데 그때부터는 조금만 뭐가 있어도 막 싸웠다. 그런데 아버지가 먼저 공격하거나 도발하는 것이 아니었다. 오히려 어머니가 더 공격적이고 도발적이었다. 늘 똑같은 문제, 과거 이야기들로 그랬다.

아버지가 안 계셨을 때 정말 힘들고 어렵고 가난했지만 정말 재미있게 잘 살았다. 동두천, 우이동 등으로 이사를 다니면서 세 식구가 단란하게 살았다. 남들처럼 잘 먹지고 못하고, 장난감도 없고, 아주 허름한 곳에 살았지만 말이다. 그러다 아버지가 다시 오면서 살림살이가 나아졌다. 우리 집도 생기고. 그랬는데도 어머니는 계속 불만이었다. 그런 것들이 싫었다. '행복하게 사는 게 더 중요하지 않을까? 그런데 왜 어머니는 아버지에게 자꾸 불만을 제기하고, 다투고, 큰소리 낼까?' 하지만 그런 생각을 하면서도 어머니를 공감하고 이해했다. 어머니가 겪으신 고통과 아픔을 잘 알기 때문이었다.

구_ '아버지는 그런 정도에서 최선을 다하고 있다'며 아버지라는 존재를 굉장히 현실적으로 바라본 것 같다.

표_ 그런 부분이 많았다.

구_ 작년에 일종의 '커밍아웃'을 한 이후에 '그때 아버지'를 다시 돌아본다면?

표_ 바뀐 건 없는 거 같다. 특히 그런 청소년기를 거치고 대학에 가면서부터 아버지가 완전히 바뀌었다. 내 뜻과 의지와 자립, 자발성, 독립성 등을 인정해주셨다. 고3 때까지는 강압적이고 엄한 모습을 많이 보여주었지만 그 이후에는 내가 스스로 했던 것들이나 하려고 했던 것들에 관여하거나 간섭하지는 않았다. 이번 일을 겪을 때도 그런 태도는 계속 유지됐다. 경찰대 사직 등과 같은 일들이 언론에 보도되기 전에 먼저 연락드리는 게 나을 것 같아서 전화로 간단하게 말씀드렸다. 그때 아버지는 다른 말씀은 안 하고 몸 관리 잘하고, 너무 마음의 상처 입지 말고 잘 견뎌내라고 했다. 어머니는 막 울었다. 직접 표현은 안 했지만 아버지도 여러 가지 걱정들이 있지 않았겠나. 그래도 아버지는 '네가 잘하리라 믿는다. 힘내고, 응원할게'라는 식으로 격려 문자를 보내주었다.

경찰대

구_ 경찰대에 진학한 것에 아버지의 영향이 있었나?

표_ 아무래도 무의식적인 영향은 많았던 것 같다. 아버지가 육

> **정의라는 것을
> 직업으로 삼을 수 있어서 아주 좋았다**

사나 경찰대에 가는 게 좋겠다고 한 적은 전혀 없다. 그냥 최선을 다해 열심히 공부하고, 하고 싶은 일을 하면 좋겠다고 했다. 고등학교 때 처음 염두에 둔 곳은 정치학과였다. 정의감이 남달리 투철했다. 세상에 문제가 좀 많은 것 같았다. 맨날 데모하고 최루탄 쏘고, 학교도 민주적으로 운영되지 않았고 학생들을 존중하지도 않았다. 이렇게 우리 생활 주변에 많은 문제들이 나타나고 있었다.

그런데 나쁘거나 사기 치거나, 불법을 저지르는 사람들은 잘 살고, 착하고 얌전한 사람들은 피해 본다는 얘기가 많이 들렸다. 어떻게든 열심히 공부해서 이런 것들을 고쳐보고 싶다는 생각이 강했다. 그럼 어떻게 고칠 수 있나? 뭘 해야 할까? 그런 고민을 하면서 정치를 해야겠다는 답을 얻었다. 힘이 있어야 법도 만들고, 고쳐야 할 것을 고칠 수 있지 않겠나 싶었다. 이런 청소년기의 단순한 생각 때문에 정치학과에 가고 싶었다. 하지만 아버지는 거기에 많이 반대했다. '무조건 안 돼.' 이렇게 반대한 것은 아니고 얘기를 많이 해줬다. '정치가 그렇게 단순한 게 아니다. 순수한 게 아니다. 정치가 중요하긴 하지만 정치하는 사람들 사이에 음모와 비리와 협잡 등을 감내하는 것은 쉬운 일이 아니다. 그 과정에서 희생하고, 잃고, 이런 것들이 얼마나 많은 줄 아느냐.' 그래서 우리 사회를 깨끗하게 할 수 있는 게 뭘까 생각해보니 언론이더라. 그래서 언론학과에 간다고 했다.

　아는 친척 중에 〈동아일보〉 기자를 오래 했던 분이 계셨다. 그런데 그분이 기자는 절대 하지 말라고 늘 얘기했다. 기자라는 직업이 소설이나 영화에서는 진실을 밝히고 의롭게 보이지만 현실에서는 참 더러운 일도 많이 하고, 타락하고, 어렵고 힘들다는 얘기를 많이 해줬다. 그러던 와중에 고3 때 친구들과 경기용 화약으로 장난을 치다가 크게 다쳤다. 부모님께 죄송해서 돈 안 드는 대학에 가야겠다고 했는데, 친구가 경찰대 팸플릿을 가져다줬다. '조국, 정의, 명예'라는 학훈이 눈에 들어왔다. 아버지가 말씀하시던 조국이 있고, 내가 좋아하는 정의도 있고, 명예도 있고. 그래서 경찰대에 간 거다.

　구_ 경찰대 시절은 어땠나?
　표_ '정의'라는 것을 직업으로 삼을 수 있어서 아주 좋았다. 학생으로 열심히 공부하다가 일선에 나가서 나쁜 놈들을 수사해 잡아넣고, 약자와 피해자를 보호하고 도와줄 수 있다는 것 자체가 아주 좋았다. 그런데 때로는 정의롭지 않은 것을 받아들이라는 것도 있었다. 그것은 아니라고 생각했다. 그것을 생각하는 것에 그치지 않고 항의하고 문제를 제기했다. 그 과정에서 많은 다툼이 있었다.
　특히 선배들은 '네가 하는 말은 옳은데 상황의 특수성을 고려하지 않는 것 같다'고 말했다. 그런데 딱히 내가 틀렸음을 논리적으로 말할 수 없는 상황이라 선배들이 골머리를 많이 앓았다. 어떤 선배는 무작정 나를 두들겨 패고, 어떤 선배는 기합을 주고. 또 나를 순응시켜 보겠다고 접근한 선배도 있었다. 하지만 그게 내게는 통하지 않았다. '지금 주신 기합이 규범상 맞는 겁니까?' 하고 또 대들었으니까. 어떤 선배는 차분히 이야기하면서 회유하려고 했다. 그런데 나는 계속 '그렇게 저한테 관심 가져주시는 건 감사한데 하신 말씀에는 동의할 수 없습니다.' 하면서 또다시 반론을 폈고. 그때 기억 중에 재미있는 에피소드가 하나 있다.

최아무개 선배가 옥상으로 오라고 하더니 엎드려뻗치라고 했다. 그래서 엎드려뻗쳤다. 아무 말도 없이 계속 시간이 흘러갔다. 나야 어렸을 때부터 아버지한테 해병대 교육을 받았기 때문에 푸시업, 엎드려뻗쳐 이런 거는 우리 동기 중에서 누구보다 잘했다. 그래서 계속 버텼다. 그런데 얼마나 시간이 갔는지 모르지만 더 이상 버틸 수 없는 상황이 오기 시작했다. 온 근육이 떨리더니 사지가 사시나무 떨듯이 떨리는 상황이 온 거다. 창피하기도 하고, 아프기도 하고, 힘들기도 하고. 그때 선배가 일어서라고 했다. 일어섰다. 그런데 내게 '알겠냐?' 하고 물었다. 도대체 뭘 알겠냐는 건지 몰랐다. 아무 말도 안 하고 엎드려뻗쳐하라고만 해놓고선. (웃음) '모르겠습니다.' 그랬더니 또 엎드려뻗치라고 했다.

또 엎드려뻗쳤다. 체력이 약해져서 이번에는 좀 더 빨리 그 현상이 왔다. 그래서 푹 쓰러졌다. 선배가 일어나라고 했다. '이제 알겠냐?' 하고 다시 물었다. '모르겠습니다.' 그랬더니 한숨을 푹 쉬면서 이렇게 얘기했다. '내가 너를 불러서 이렇게 한 이유는 너에게 불합리라는 것을 가르쳐주기 위해서였다. 세상은 합리적이지만은 않다. 아무 이유도 없이 우리가 합리적으로는 이해할 수 없는 일들도 벌어진다. 그런데 모든 일과 상황을 합리라는 잣대로만 해석하려 하고 문제를 제기하다가는 네가 도저히 버틸 수 없는 상황이 온다. 그래서 네가 합리적이지 않은 세상에 적응하고 살아나갈 수 있도록 해주기 위해서 이렇게 아무 이유 없이 이럴 수도 있다는 것을 가르쳐주고 싶었다.' 그러면서 '이제 불합리가 뭔지 알겠니?'라고 물었다. 그런데 나는 그게 이해가 안 되더라. 그래서 '아니요, 모르겠습니다' 하고 답했다. (웃음) 그랬더니 그 선배도 '그래, 알겠다.' 그러더라.

클린트 이스트우드의 냄새

구_ 권선징악(勸善懲惡)을 좋아하는 것 같다.
표_ 그렇다. 영화도 액션영화를 좋아한다.

구_ 그 정의감으로 기자가 됐으면 어땠을 것 같나?
표_ 글쎄, 아마 구 기자 같은 상황이 되지 않았을까? (웃음)

구_ 기자도 정의라는 가치를 중요하게 생각하는 직업이다. 그렇다고 보면 기자를 꿈꾼 것과 경찰대에 간 것이 '정의 구현'이라는 목표에서 보면 비슷한 것 아닌가?

표_ 그렇다. 진로 상담 때 경찰대에 가겠다고 하니까 담임선생이 '왜 경찰대에 가려고 하느냐. 성적도 잘 나왔으니 서울대를 가야지.' 하며 설득했다. 하지만 담임선생은 내 한 방에 사인을 해주었다. 그 '한 방'이 뭐냐 하면 이거였다. '선생님, 제가 일반 대학에 가면 데모를 하지 않겠습니까? 제가 데모를 하면 다른 학생들보다는 상당히 격렬하게 하지 않겠습니까?' 그랬더니 '알았다.' 하고 사인을 해주었다. (웃음)

구_ 대체로 안정성, 신중함을 보수의 특징으로 꼽는데 표 교수는 어떤가?

표_ 일반적인 통념은 그렇지만 나는 그렇지 않다. 보수라고 해서 다 신중하고 안정을 지향하는 것은 아니다. 보수 중에도 대단히 성급하고 격한 주장을 하는 분들도 많다. 반대로 진보주의자 중에도 아주 신중하고 냉철하고 이성적이고, 행동보다는 분석과 판단을 먼저 하는 분들이 있다.

구_ 안정성, 신중함이 보수의 특징이라는 것은 통념일 뿐인가?

표_ 그것은 개인 성격의 문제지 이념의 문제는 아닌 것 같다. 우리가 '맹동주의'라는 말을 하지 않나. 맹동주의에는 우익도 있고 좌익도 있다. 그런 걸 혁파하기 위해서는 차가운 머리와 뜨거운 가슴이 있어야 한다고 말한다. 보수나 진보나 누구든 이런 이상적인 모습을 얘기한다.

구_ 남종영 〈한겨레〉 기자는 표 교수를 두고 '40대 후반의 직업적 소신에 따라 정치 무대에 등장한 그에게서 미국 합리적 보수의 상징인 클린트 이스트우드의 냄새가 났다.' 이렇게 썼다. 동의하나?

표_ 과찬이다. (웃음) 클린트 이스트우드야말로 정말 멋진 사람이다. 영화배우로서도 아주 멋지지만 감독으로서도 그렇고, 보수주의자로서의 생각, 의견, 행동도 멋지다. 한쪽에 치우치지 않고 상대를 존중하고 인정하는 태도를 갖춘 사람이다. 그런 사람과 나를 비교하면 부끄럽고, 영광이고, 고맙고, 그렇다.

구_ 서부극도 우리 고대소설처럼 권선징악적이다.

표_ 그런데 영화 〈용서받지 못한 자〉를 보면 알겠지만, 서부극에 인간의 고뇌를 담기 시작한 사람이 클린트 이스트우드 감독이다. 영웅의 약한 모습, 총잡이의 아주 인간적이고 나약한 모습을 아주 적나라하게 드러냈다. 그래서 더 멋지다.

구_ 권선징악을 사전적 의미대로만 받아들이는 것은 현실적이지도 않다. '사랑이 없는 혁명은 가혹하다'고 한 것처럼 말이다. 권선징악이 단선적이면 사랑이 없는 혁명처럼 가혹하고 무섭다.

　　표_ 그게 자베르적 모습이다. 그 수준을 조금 넘어설 정도의 어떤 고뇌와 공부, 다른 처지에 대한 배려와 탐색이 바탕에 있어야 한다.

> **부채 의식만큼 우리에게 주어진
> 역할이 있다는 위안을 가지고 지냈다**

　　구_ 본의 아니게 80년대에 대학을 다니면서 민주화운동의 맞은 편에 있었는데, 그와 관련한 부채 의식이 있나?

　　표_ 많다. 그래도 이제 합리화를 많이 했다. 87년이면 대학교 3학년 때였다. '국민의 세금으로 공부하고, 민중의 지팡이가 될 사람들인데, 우리가 지금 국민의 편이어야 하는 것 아닌가?' 그런 생각이 들었다. 게다가 그때는 최고조였지 않나? 이한열 열사 사건이 터지고, 6·29 선언이 나오기 전이었다. '지금 이 상황에서 우리가 가만히 있어도 될까? 우리도 국민이 옳다, 민주주의가 진전되어야 한다는 의사 표현을 해야 하는 것 아닌가?' 이런 논의가 우리 동기들 사이에서 많았다. 당연히 반대하는 친구들도 꽤 있었다. 하지만 우리가 경찰대를 다니고 있어도 각자의 친구들은 다른 대학에서 운동권이든 아니든 민주화운동에 참여하거나 그런 의식들을 가지고 있는 터였다. 우리는 다섯 명의 사절단을 파견했다.

　　구_ 어떤 사절단을 어디로 파견했다는 건가?

표_ 각 사회를 대표하는 분들을 찾아가서 우리의 고민을 말씀 드리고 우리가 어떻게 해야 하는지 조언을 듣자는 거였다. 당시 천주교 정의구현사제단이 한창 민주화의 중추 역할을 하고 있었다. 그래서 한 친구는 사제단에 있는 신부님을 찾아갔다. 다른 친구들은 기자, 저명한 대학교수, 노조 간부, 경영자를 찾아갔다. 우리가 뽑은 다섯 분야의 대표들을 만나서 말을 듣고 돌아와 전체 동기들 앞에서 이야기를 하자는 거였다. 그래서 우리가 어떻게 할 것인가를 결정하자고 했다.

다섯 명 모두가 거의 같은 답을 갖고 왔다. '너희들의 뜻은 이해하고 가상하고 국민을 생각하는 것 자체가 옳다고 생각한다. 하지만 너희들마저 거리로 나오는 것은 옳지 않다. 너희는 그 마음을 그대로 가진 채 경찰대학에서 열심히 공부해라. 어차피 세상은 나아가게 돼 있고, 새로운 세상이 열릴 때 너희들이 민주적이고 인간적이며 국민을 사랑하는 간부가 돼서 치안을 담당하는 게 옳다.' 이렇게 다섯 명이 가져온 의견이 비슷했다. 그 이야기를 전달받고 우리 모두가 숙연해졌다. 우리가 걸어야 할 길은 이거야 하면서. 그렇다고 부채 의식을 덜어낼 수 있는 것은 아니었다. 우리는 아무것도 하지 않고 편안하게 있었다는 부채 의식을 가지고 있었다. 대신 부채 의식만큼 우리에게 주어진 역할이 있다는 위안을 가지고 지냈다.

구_ 당시 정의는 거리에 있을 수밖에 없었고, 그곳에 가야 하는데 갈 수 없는 상황 때문에 고민이 많았을 것이고, 그래서 고통스러웠을 것 같다.

표_ 늘 마음이 아팠다. 다른 대학에 있는 친구들과 만나 논쟁도 많이 했다. 그 친구들이 생각하고 공부하는 것들을 교류하면서 지냈다.

| 칼럼 |

" 보수주의자로서, 고백하고 요구하고 경고합니다 "

1. 고백합니다 : 저는 보수주의자, 반공주의자입니다.

제 부친은 17세 때 북에 부모와 형제를 남겨두고, 공산당의 압제를 피해, 목숨을 걸고 대한민국으로 탈출하신 분입니다. 당시 함께 탈출하신 분이 국가대표 여자농구대표팀 감독을 지내신 임 모 감독님입니다. 한국전쟁 전후 혼란기에 혈혈단신 의지할 데가 없어 그 어린 나이에 해병대에 자원입대, 혹독한 훈련 와중에도 영어사전과 ≪삼위일체≫(당시 가장 유행하던 영어 문법책) 책을 한 장 한 장 뜯어 외우고 삼키는 방법으로 영어 공부를 독학하셨습니다. 그 후 미군 해병대의 교관요원 양성 과정에 도전해 합격하셨고 미군에 의해 정예 해저 침투 등 특수전 교육을 받으신 후 한국 해병 특수전 훈련 교관으로 오랫동안 봉직하셨습니다. 월남전에도 참전하셨습니다. 혹여 북에 남아 계신 가족들에게 해가 될까 봐 이름도 개명하셨습니다. 지금 이산가족 명단에 올려두고 계시지만 그

순번이 너무 멀어 아버지 살아생전에 가족 상봉이 이루어질 가능성은 높아 보이지 않습니다. 지금도 우리 가족은 명절마다, 그리고 생사를 알 수 없는 조부모님 생신 때마다 북쪽을 향해 온 가족이 절을 합니다.

부친은 전역 이후 이런저런 사업에 손대셨다가 모두 실패하시고 다시 40대에 '특수 임무 수행 공무원' 시험에 응시, 합격하셨습니다. 미군 소속이면서 국방부의 비밀 대북 관련 업무를 수행하는 업무로 알고 있습니다. 그런 연유로 부친은 평생 '북한의 남침, 간첩 파견에 의한 가족 위해, 본인 임무 때문에 북에 남긴 가족에게 위해'가 있을까 봐 불안해하시고 두려워하셨습니다. 그 불안과 두려움은 우리 가족 전체의 어두움이기도 했습니다.

모친은 부친이 해병 훈련장이 있는 경북 포항에서 주둔하실 때 만나신 '포항'분입니다. 철저한 경상도분, 이명박 현 대통령과 같은 연배시고 동창들이 모두 함께 청와대에 초청받아 다녀오실 정도로 인연도 있으십니다. 지금도 박근혜 후보 열렬히 지지하시며 유세 현장에도 다녀오셨다고 합니다.

당연히, 저는 '투철한 반공 소년'으로 자랐습니다. 국민학교 때 반공 글짓기나 포스터 대회에 나가면, 이산가족의 슬픔 등을 주제로 쓴 글이 당선되어 상도 많이 탔습니다. 공산당의 모습을 빨간색, 뿔 달리고 피 흘리는 마귀로 표현했을 때 가장 큰 상을 받았던 것으로 기억합니다.

경찰대학을 가려 했을 때 부모님은 주저하셨습니다. 제가 부친의 출신과 경력 때문에 피해를 보지 않을까, 북에서 노리고 보복하려 하지 않을까 등이 포함된 여러 걱정 때문이셨을 겁니다. 경찰대학을 졸업한 1989년, 우리 사회는 극한 대립과 시위의 연속이었고 전 현장 전경대 소대장으로 시위대와 맞서야 했습니다. 시위 진압 도중 코에 돌을 맞아 실신해 병원으로 실려갔고, 코뼈가 주저앉아 수술을 해야 하기도 했습니다. 우리 대원들이 소대장 복수한다며 분노하고 있다는 얘기를 듣고 병실을 빠져나와 대원들과 대화를 나누었습니다. '저들도 나라 사랑하기 때문에 저런다', '미워하지 말자. 난 괜찮다', '그저 우리가 해야 할 법 집행과 질서유지, 흔들리지 말고 열심히 하자'는 제 설득에 대원들은 안정을 찾기도 했습니다. 이후 화성경찰서(연쇄살인 사건의 현장), 부천경찰서 형사를 거쳐 경기청 보안과 외사계에 발령받아 갔을 때 외사 첩보, 방첩 등 업무를 수행하며 보안경찰 동료들, 국정원, 기무사 등과 협력 업무를 많이 했습니다. '공산주의와 싸우는' 체제 수호 업무였지요.

이후 셜록 홈스가 되어보겠다고 영국에 유학 가 5년간 공부하며 석사와 박사학위를 취득하고 돌아와 교수가 되었고 처음 연구년을 맞았을 때는 미국 샘휴스턴주립대학교에서 1년간 초빙교수로 학기당 두 과목씩을 강의하고 돌아왔습니다. 이런 과정, 그리고 학회 활동과 프로파일러 활동을 통해 미국과 영국, 호주, 캐나다 등의 학계와 경찰 등 범죄 수사계에 친구가 무척 많이 생겼고 긴밀한 교류를 하고 있습니다. 즉, 저는 분류하자면 '친미주의자', '지미 범죄학자'쯤 되겠습니다. 말이 너무 길어졌죠? 제가 왜, 얼마나, 보수주의자인지를 알려드리려다 보니 길어졌습니다. 양해 부탁드립니다.

2. 요구합니다 : 진정한 보수라면, '친북 좌빨 주장은 집어치우십시오!'

보수주의자인 제가 영국에서 받았던 가장 큰 문화적 충격은, 거긴 진짜 공산주의자들이 마음껏 떠들며 활개 치고 다니고 우리나라에서는 '종북 좌빨'로 불리는 노동자당, '노동당'이 보수당과 정권을 주거니 받거니 하며 집권 통치해도 전혀 무너지지도 않고 세상이 크게 달라지지 않더라는 사실이었습니다. 영국의 보수당과 민주자유당 등 '보수 정당'들은 당당했습니다. 노동당에 대해 이념 공격하지 않았고, '저들이 집권하면 나라가 결딴난다'고 국민을 겁박하지도 않았습니다.

대한민국에는 분단이라는 특수 상황이 존재합니다. 그래서 국가보안법도 있고, 공산주의 자체가 불법입니다. 솔직히 말씀드려, 이정희 씨나 진보정의당 같은 소수 '진보 정당'들을 아직 못 믿는 분들의 심정도 충분히 이해합니다. 이정희 씨는 매우 똑똑하고, 그분이 대변하는 피해 입은 노동자들의 아픈 현실에는 가슴으로 공감하지만, 만약 그들이 진짜 '집권'하게 된다면 세상이 뒤집히고 과거 건국 초기와 한국전쟁 때 보였던 인민재판과 유혈혁명이 자행되지 않을까 두려운 마음을 가진 분들의 심정, 100% 이해합니다.

하지만, 진정한 보수라면, 이들에 대한 지지가 늘고 이들이 목소리를 내도 흔들리지 않을 수 있다는 자신감과 당당함을 가져야 합니다. 이들을 반대하는 이유가 '자유를 억압할지 몰라서'라면, 보수가 그들의 자유를 억압하는 것은 말이 아닌 억지입니다. 영국의 당당한 보수당과 민주자유당처럼, 보수의 진정한 가치인 '양심의 자유', '표현의 자유', '결사의 자유'를 무한 보장하며, 국가안전보장과 개인 권리 보호, 사회질서 유지를 위해 필요한 법적 장치를 갖추는 것이 당당하고 떳떳한 '진정한 보수'입니다.

민주당은? 문재인이나 안철수 후보는? 저보다 더 전문가들도 계시겠지만 제 경험과 학식에 기반해 말씀드리자면 이들은 절대로 좌파가 아닙니다. 보수 우파, 그것도, '너무 보수 우파'입니다.

새누리당과 똑같이 시장경제 자유민주주의 가치를 주장합니다. 영국식, 유럽식, 미국식 사회·정치·경제 시스템 갖추자는 내용들입니다. 문재인과 안철수에 대해 만약 '종북, 좌빨' 입에 담는 사람은 그 사상을 의심해봐야 합니다. 오히려 국정원과 경찰청 보안 수사대에서 내사해볼 필요가 있습니다. 국민 호도하고, 불안 조장해서 '공정 경쟁' 저해하는 때 묻은 '이념론', '색깔론' 제기하는 사람들 때문에 '보수주의자로서' 너무 화나고 부끄러워서 제가 위험(?)을 무릅쓰고 이 글과 다른 글들을 쓰고 있습니다.

3. 김대중, 노무현에 대한 개인적 평가(철저한 사견입니다.)

제가 경찰 제도 개선, 인권위원회 설립, 부패 방지 위원회 설립과 운영, 여성·아동 보호 및 권리 문제 등과 관련해 김대중 정부, 노무현 정부 등과 일해본 경험에 비춰보면, (제가 겪은) 이전 군사독재 정권과 김영삼 정부 등과 유사한 점도 많고 다른 점들도 있었습니다. 유사한 점은 결국 '한국 정치권'이 가진 특징과 한계를 공유하고 있었다는 것으로 요약하고 마치겠습니다. 다른 점 중 나쁜 점은, '너무 감정을 앞세워 지난 시절에 대해 복수'하겠다는 일부 몰지각한 인사들이 득세하고 다녔다는 것. 현실보다 '이상'에 치우쳐 무리한 변화 시도하다 결말도 못 맺는 '안 하니만 못한 개혁'들이 꽤 있었다는 것 정도로 요약 가능합니다. 특히, 노무현 대통령은 수많은 장점과 국민의 희망에도 불구하고 감정 조절 실패,

일부 측근 농단(증거는 없습니다. 책임 물으면 질게요.), '사람'을 지나치게 믿어 결국 진정한 개혁 실패한 것(검찰 개혁 못하고 믿을 만한 사람을 법무장관과 검찰 주요 보직에 앉히는 것으로 대신했던 패착 등), 그리고 화합과 통합보다 고집과 원칙을 너무 앞세워 사사건건 야당이나 일부 언론 등 반대 세력과 대립해 사회 혼란을 야기하고 국민 다수의 피로감을 불러 결국 정권을 내어준 것이 아마 가장 뼈아픈 잘못이었지 않나 싶습니다.

제가 겪은 이들 김대중-노무현 정부의 좋은 점들은, 우리 국민과 사회를 오랫동안 억압하고 짓누르고 왜곡시켰던 '군사 문화'와 '권위주의'를 버리고 희석시킨 것이라고 생각합니다. 일방적 지시가 아닌 토론과 대화, 대통령이나 국가 고위층들이 국민 위에 군림하기보다 '함께하고 섬긴다'는 자세(물론 그렇지 않았던 사람들도 있었습니다.)였습니다.

저는 절대 '김영삼 정부'나 '이명박 정부'보다 이 두 정권이 나았다고 말씀드리지 않겠습니다. 참담했던 전두환-노태우 군사독재 정권은 사실 언급할 필요가 없고요 (박정희 대통령의 공과는 분명히 함께 인정하고 역사를 통해 명확하게 평가해야 한다고 생각합니다.) 보수주의자 입장에서만 보자면 (진보적 가치, 진보주의자의 관점은 완전히 배제한, 치안과 국방, 안보 등 보수적 가치의 관점에서만입니다.) 장단점,

공과 과 모두 따질 때(보수 우파 정권의 남북 긴장, 진보 정권의 남북 화해 장단점 포함), '김대중', '노무현' 두 대통령 정부는 '김영삼', '이명박' 두 대통령 정부와 크게 다를 바 없이, 미국의 공화당-자유당 정부 차이 정도라는 것이 제 개인적이고 솔직한 판단입니다.

김일성-김정일-김정은 3대 독재 제왕적 세습을 규탄하고 혐오하고 부끄러워하는 철저한 반북한 반공 이산가족으로서, 제가 겪어본 김대중-노무현 정부는 전혀 문제가 없었습니다.

오히려, 남북 화해 무드를 통해 이산가족 교류가 활성화되면서 제 부친의 평생 한이며 소망인 가족 상봉이 이루어질 수도 있지 않을까 하는 희망을 준 시간들이었습니다.

4. 보수주의자로서 경고합니다!

보수주의의 핵심이며 근간이며 절대로 양보할 수 없는 원칙인 '법질서'를 훼손하고 방해하지 마십시오!

선거는 민주주의의 꽃입니다. 절대 자유가 보장되어야 하고 절대 '공정 경쟁'이 이루어져야 합니다. 이를 위해 공직 선거법을 두고 헌법기관으로 선거관리위원회를 두고 있습니다. 대통령이나, 장관이나 그 누구도, '감히 선거관리에 개입하거나 영향을 미치려 하지 말라!'는 우리 헌법의 준엄한 명령입니다.

그런데 현재 대통령 후보와 그 캠프에서 선거관리위원회의 활동에 대해 위협과 협박이라고 느껴질 수 있는 공개적 압박을 자행하고 있습니다. 당장 중단하십시오! 그리고 경찰의 국정원 개입 의혹 사건 수사에도 현장 방문 등 압박으로 해석될 수 있는 일체의 언행을 하지 마십시오!

비록 아무 힘없는 일개 국민이고 유권자이지만, 보수주의의 근본을 포기하고 훼손하는, 선거관리 방해로 의심되는 언행을 계속한다면, 제가 가진 모든 힘을 다 동원해 그 후보에 대해 반대하고 '3·15' 부정선거 이후 대한민국 최악의 부정선거'라는 제 개인적 견해를 널리 공표할 것입니다.

5. 공정 경쟁, 투명한 선거가 이루어진다면 '엄정중립'을 계속 유지하겠습니다.

지금이라도 '종북 좌빨 색깔론' 주장 중단하고, 선관위와 경찰의 법 집행에 전혀 관여하지 않는다면 제 개인적 '엄정중립' 상태를 선거 시까지 유지하겠습니다. 만약 그렇지 않는다면, 저는 제가 할 수 있는 다른 모든 방법을 동원하겠습니다. 이것이 힘없는, 한 '보수주의자'의 솔직한 고백이고 요청이고 경고입니다. 부디, 진심을 헤아리고 곡해하지 말아주시기 바랍니다. 그리고 제발 제 주변 사람들로 하여금 제게 연락하라고 하지 말아주시기 바랍니다. 그런 정황과 징후가 포착될 때마다 저는 더 화가 나고 더 자주 글을 쓰게 됩니다. 저는 회유·압박해서 변화되는, 그런 사람이 아닙니다. 저를 잘 아는 주위 분들에게 확인해보시고 역작용·부작용 일으키는 연락 시도 하지 말아주시길, 간곡히 부탁드립니다.

제 글로 인해 부모님이나 선후배 등 주위 분들에게 불편함이나 불이익 야기했다면 죄송하고 송구하고 사과드립니다. 그리고 양해와 존중 부탁드립니다.

긴 글 읽어주신 모든 분들께 진심으로 감사드립니다. 아무 주저함이나 좌고우면 없이 생각나는 대로 써나가다 보니 오타나 표현 실수가 있을 수 있습니다. 양해 부탁드립니다.

(표창원 전 교수는 일명 '국정원 여직원 사건'이 일어나자 블로그를 통해 '국가적 대사인 대통령 선거에 대한 국가기관의 불법적 개입, 여론 조작 의혹은 즉각 진위를 가려 결과를 공개해야 한다'며 경찰의 즉각적인 수사를 촉구했다. 이로 인해 '종북 좌빨'로 공격을 받자 12월 15일 '보수주의자로서, 고백하고 요구하고 경고합니다' 칼럼을 올려 반박하고, 그 다음날 '경찰대의 명예와 정치적 중립성에 누를 끼치지 않기 위해' 경찰대 교수직을 사퇴했다. ― 편집자 주)

03
직시하라!
알을 깨라!

❝ 묻고 싶다.
과연 한국에 진정한
보수가 있는가 **❞**

보수의 조건

　구_ 1993년부터 98년까지 영국에서 유학했다. 영국에서 본 보수주의자와 한국에서 본 보수주의자는 어떻게 달랐나?

　표_ 일단 묻고 싶다. 과연 한국에 진정한 보수가 있는가? 그 의문은 아직도 여전하다. 대한민국 정부는 아주 불행하게 탄생했다. 자력으로 광복을 쟁취하지 못하다 보니 임시정부의 적통을 그대로 잇지도 못하고 국민 다수의 자유의사나 사회적 합의에 의해 정부가 형성된 것도, 헌법이 채택된 것도 아니었다. 북한의 존재와 국제적 정세 때문에 보수가 건강하게 형성될 수 없는 상황이었다. 냉전 시대의 틈바구니를 이용한 권력주의자들은 스스로 당당하지 못했고, 능력도 없었다. 그러면서 힘을 가지고 권력을 휘둘렀고, 돈을 챙겼다. 이런 사람들이 우리의 사회구조를 많이 왜곡해왔다. 그들이 가지고 있는 기득권도 불법적으로 영득한 것이다. 그들은 권력의 남용을 통해 얻은 것들을 지키기 위한 수단으로 보수란 이름을 이용했다.

상대방이 조금이라도 자신들의 잘못을 지적하거나 파헤치려고 하면 그들을 빨갱이라고 낙인찍는다. 그게 아주 편한 방법이다. 사람들이 알아서 '쟤네 빨갱이야.' 하며 다 제거해준다. 그것이 지금까지 흘러왔다. 대한민국의 대단한 불행이며 또한 현실이다. 이번에 분노하게 된 배경에도 그런 것이 있다. 새누리당이 정말 보수인가. 저들이 내가 속한 경찰 집단에 정치적인 영향력을 휘두른다는 의혹을 가지면서 이건 보수가 할 짓이 아니라고 생각했다.

영국이나 이탈리아에서 본 보수의 모습은, 수상이나 부인이 몰고 가는 차가 교통법규를 위반하면 길거리 순경이 그들의 신분을 알면서도 딱 차를 세우고 딱지를 끊는 것이었다. 그것이 진정한 보수의 모습이었다. 노블레스 오블리주도 있다. 영국 황실에서는 늘 왕세자들이 제일 먼저 가장 험한 일선 전투 현장에 간다. 포클랜드 전쟁 때도 그랬고, 아프간전쟁 때도 그랬다. 그래야 국민들이 믿고 따른다. 저들이 목숨 걸고 땅, 나라, 주권을 지켜주려고 하니까 그들의 리더십을 허용해준다. 그들이 소수라 해도 다수를 통치할 수 있는 자격이 있다고 봐주는 거다. 그게 보수의 모습이다.

진보는 다수가 소수의 압제에서 벗어나 좋은 세상을 만들자고 한다. 보수는 그게 아니다. 똑똑하고 도덕성 있고 철학을 가진 소수가 사회를 운용할 때 다수가 행복하다고 한다. 그런데 만약 그 소수에게 똑똑함과 도덕성과 정직함과 정의로움, 노블레스 오블리주 정신, 약한 자와 없는 자를 위해 자기 것을 나누는 기본 정신이 없다면 이미 보수로서의 자격을 잃어버린 거다. 그런데 우리나라에서 보수를 자처하는 자들은 절대로 자식을 군대에 보내지 않으려 한다. 물론 자기들도 안 가고, 세금도 가급적 안 내려 하고, 재산은 해외로 빼돌린다. 그게 무슨 보수인가? 그들이 도대체 뭘 지킨다는 것인가? 그러면서 힘없는 대중한테는 '당신들이 일선 전방부대에 가서 우리나라 지키고, 직접세는 안 되고 간접세가 포함된 담배 많이 피우고 술 많이 마셔서 세금 내라'는 것 아닌가.

내가 본 유럽의 보수는 본인이 추구하는 이념과 가치에 충실한 사람들이다. 그들은 정직하다. 물론 일부 개인들의 문제는 좌우를 막론하고 어디에나 다 있다. 만약 자기들 내부에 문제가 있고, 비리가 있고, 어떤 권력형 부패 현장이 목도되면 자기들이 내쳐버린다. 그들 때문에 국가 전체의 불신이 야기될까 봐 그렇다. 그런데 우리는 그렇지 않다. 재벌들도 그렇고 권력층 내부도 그렇고, 새누리당도 그렇고, 비리 행위나 불법행위를 저지른 내부자를 감싼다. 검찰도 그렇지 않나? 자신들의 이익, 자기와 연결된 자기편의 이익만 지키겠다는 것은 가족주의적 이기주의지 보수주의가 아니다.

구_ 플라톤이 주장한 철인정치, 엘리트주의가 보수에 있다고 보는가?

표_ 우리는 어쨌든 왕정에서 자본주의로 넘어왔고, 결국은 지배자, 통치자, 가진 자, 소수가 나라를 운영하고 법을 만들었다. 대의

민주주의라는 것을 통해 선발된 선량들이 그것을 행하지만 그들도 역시 소수다. 그게 결국은 현재의 체계고, 구조다. 이것을 받아들이고 인정하는 게 보수 아니겠나. 그런데 그것을 인정하고 받아들이려면 전제가 있어야 한다. 그 소수가 자신의 이익을 위해서 다수를 탄압하는 것이 아니어야 한다. 그들은 대표자여야 한다. 대표성을 가지기 위해서는 다른 사람보다 도덕적이어야 하고, 윤리적이어야 하고, 자기보다는 전체를 생각할 수 있어야 한다. 그래야 전통적인 소수가 법을 만들고, 통제하고, 행정하고, 지배하는 구조의 정당성을 인정받을 수 있다는 얘기다.

김대중과 노무현

구_ 영국 유학 때 김대중 전 대통령을 다시 보게 됐다고 했는데, 어떤 계기가 있었나? 당시 김 전 대통령도 대선에서 패배해 영국에서 유학하고 있었다.

표_ 영국에서 김대중 전 대통령을 만난 적은 없다. 한국이라는 울타리 내에서 접한 정보의 한계, 인식의 한계 속에서 김대중 전 대통령은 빨갱이라는 비이성적인 이름표가 강하게 각인돼 있었다. 이런 거다. '김대중 전 대통령이 민주화를 위해서 열심히 노력한 것은 사실이다. 하지만 그분은 호남이라는 지역의 패권자로서 지역주의를 자꾸 조장시키고, 결국은 자기가 대통령이 되기 위해서 지역감정도 유발시켰다. 그가 가지고 있는 사상은 좀 의심스럽

> **DJ를 오해했던 것이
> 많이 미안했고 죄송스러웠다**

지 않은가? 아무리 독재였다고 해도 아무런 근거 없이 저 사람을 빨갱이로 몰아서 법원에서 사형선고까지 내렸겠나?' 독재는 나쁘고 민주화가 필요한 것까지는 인정하지만, 김대중 전 대통령은 좀 의심스러운 구석이 많다는 이미지나 인식이 많았다. 그런 한국적 환경에 있다가 영국에 나와서 열린 정보를 접하게 됐다. 우리 정치와 인물들에 관한 외국의 언론 보도나 학술적인 분석·평가 등을 자유롭게 접하게 된 것이다.

대학 때 명동성당의 광주 사진전도 일부러 찾아가서 보고, 광주를 이해하기 위해 광주에 있는 친구들도 직접 찾아가 봤다. 그럼에도 불구하고 완전히 광주를 이해할 수 없었다. 빨갱이의 선동, 북한의 모략, 이런 것에 시민들이 속고 있다는 이야기가 막 난무하고 양쪽 정보들이 혼재되어 있는 상황이라 어떻게 광주를 이해해야 할지 몰랐다. 그런데 영국이라는 외국에 나가서 객관적인 정보와 자료, 환경 속에서 광주를 제대로 이해할 수 있었다. 그러면서 김대중 전 대통령도 더 잘 이해할 수 있게 됐다.

그분은 성인도 군자도 아니었고, 그냥 인간이었다. 그래서 약점도 있었다. 지역주의에서는 분명히 책임이 있다. 그렇지만 그분이 민주화를 위해 온몸을 바쳐서 살아온 인생 자체는 의심해서는 안 되는 것이었다. 이념적인 문제는 말이 안 되는 거다. 왜 김 전 대통령이 빨갱이냐? 그런 부분들이 깨지면서 미안함이 많이 들었다. 내 마음속에서 그분을 오해하고 있었다는 것이 아주 많이 미안했고 죄송스러웠다. 그다음부터는 김 전 대통령의 당선을 바랐고, 지지했고, 찍었고, 당선됐을 때 정말 기뻤다. 특히 호남의 동포들, 친구들의 한이 간접적으로나마 풀리고, 인정받을 수 있고, 그분들도 이 땅의 주인이 될 수 있게 되어서 아주 좋았다.

구_ 김 전 대통령을 찍었을 때는 현직 경찰관으로 있었을 때인가?
표_ 그랬다. 97년이었으니까.

구_ 현직 경찰관에다가 경상도 출신이어서 97년에 김 전 대통령을 찍기는 쉽지 않았을 것 같은데?
표_ 경상도 사람이니까 쉽지 않았다. 경찰관들 중에서도 호남 출신 경찰관들은 표시는 안 해도 당연히 김 전 대통령을 지지하고 찍었다. 그나마 그때는 과거와 많이 달랐다. 그래도 김영삼 전 대통령 시대를 지나면서 군사독재적인 요소가 거의 없어졌다. 그런 분위기였지만 영남 출신의 경찰 간부가 김대중을 지지하고 투표한다는 것은 쉬운 일이 아니었다.

구_ 그 후에 등장한 사람이 노무현 전 대통령이다. 처음 등장했을 때 어떤 느낌이 들었나?

표_ 일단 5공 청문회에서 속이 확 뚫리는 느낌을 받았다. 내 스타일이 그렇지 않나. 좌고우면하면서 이것저것을 따지지 않고 옳은 건 옳고, 그른 건 그르고, 아니면 아니라고 하는 거다. 이런 것들이 있었으면 싶었는데 우리나라 정치에는 그게 없지 않나. 두루뭉술하게 타협하고. 그런데 노 전 대통령은 국회의원 당시 청문회에 나온 모습이 정말 멋있었다. 대선 때는 그분이 가진 소탈함, 인간적인 부분, 인간을 모든 것의 중심에 두고 있다는 것을 피부로 느꼈다. 그러니까 저런 분이 한 번 대통령을 했으면 좋겠다 싶었다. 권위라는 것을 벗어던졌지 않나.

내가 그동안 살아오면서 권위라는 것에 짓눌렸다는 압박감을 많이 받았다. 학교에서는 권위적인 선생님, 경찰대에서는 또 다른 권위적인 시스템, 경찰관 때는 계급이 높다는 이유로 말도 안 되는 지시를 했고, 거기에 이의를 제기하면 계급으로 누르고 입 닥치라고 했다. 그게 아주 싫었다. 국가 전체가 그런 권위적인 구조 속에서 힘 있는 자, 높은 자, 이런 자들은 마음대로 엉터리 같은 짓을 하고, 힘없고 약한 사람은 말도 못하고. 그런데 이 노무현이라는 분은 낡은 권위주의 체제를 바꾼다는 점에서 대단한 상징성을 가지고 있었다. 그분이 보여준 캐릭터가 아주 좋았다. 그래서 그에게 투표했다.

구_ 기질 등의 측면에서 본인과 노 전 대통령이 비슷하지 않나? 노 전 대통령에게서 기시감을 느꼈을 것 같다.

표_ 물론 동일시한 것도 있었다. 하지만 보수주의자다 보니까 끝까지 품위를 유지하고 싶은 욕구가 있다. 욕을 사용하지 않고, 천박한 말싸움하기 싫고, 늘 원칙을 준수하고. 그런 당당하고 깨끗한 모습이고 싶었는데, 노 전 대통령이 가졌던 열정은 그보다 강했던 것 같다. 그래서 대통령으로서 품위에 벗어나는 말씀도 하고, 그런 모습도 보이고. 그게 서민적으로 비치는 장점이 될 수도 있었을 것이다. 그러나 대통령은 자신을 지지하는 서민층만이 아닌 다른 국민들도 아우를 수 있는 품위와 인내심과 포용력과 지도력을 가져야 한다. 그런 점들이 많이 아쉬웠다.

구_ 김대중 전 대통령과 노무현 전 대통령은 성공했다고 보나?

표_ 성공한 측면도 있고 모자란 측면도 있다. 무엇보다 아쉬운 부분이 많다. 김 전 대통령 같은 경우에도 측근과 아들 비리 등 참 안타까운 면이 많지 않았나. 김 전 대통령에게 제일 크게 아쉬운 점은 제대로 된 후계자를 키우지 않았다는 것이다. '포스트 DJ'가 한 명도 없었다는 거다.

노 전 대통령도 김 전 대통령이 키운 사람은 아니다. 민주주의와 민주적 정치 환경에서 적통을 이어나갈 지도자들이 계속 나왔다면 이렇게 매번 선거 때마다 혼란이 있고, 통합이다 분리다 하며 당이 쪼개지는 일은 없지 않았을까? 그리고 좀 더 안정적으로 대한민국의 정치 구조가 이어지지 않았을까? 그러면 보수라고 하는 민정당, 한나라당으로 이어지는 쪽에서도 마찬가지로 제대로 된 보수적 지도자가 나오지 않았을까? 상대성 원리에 따라서 말이다. 김 전 대통령에게 가장 아쉬웠던 점은 그런 부분이다. 지금 보면 한화갑, 한광옥 등 개인적인 충성을 통해 권력을 취득한 측근들에 둘러싸여 눈이 가려져 있었던 것 아닌가 싶다. 지역을 벗어나서 민주주의를 이어받을 수 있는, 영남도 좋고 충청도 좋고 호남도 좋고, 당내의 민주화를 통해서 그런 연고와 상관없이 훌륭한 민주적 지도자가 성장할 수 있는 부분들을 만들어주었더라면 하는 아쉬움이 제일 크다.

〝 노무현 전 대통령의 죽음 이면에는 검찰 개혁의 실패가 있다 〞

구_ 노 전 대통령에게는 어떤 아쉬움이 있나?

표_ 노 전 대통령은 스스로 감정 조절이 좀 안됐다. 물론 그분이 살아오신 인생 역정상 어쩔 수 없었다는 것은 분명히 이해한다. 하지만 브라질의 룰라 대통령은 잘하지 않았나? 노 전 대통령이 거둔 성공보다 룰라 대통령이 거둔 성공이 더 좋은 평가를 받고 있다. 두 분은 상당히 유사하다. 하지만 룰라 대통령은 노무현 대통령처럼 사법시험에 합격한 사람도 아니다. 그런 요소가 없음에도 불구하고, 지도자로서 포용력과 품격을 동시에 갖추면서도 전투력을 잃지 않고 나아갔다. 노 전 대통령에게는 그런 점들이 없어서 아주 아쉽다. 자신이 가지지 못한 점들을 보완하려는 노력을 했더라면 좋았을 거라는 아쉬움이 있다. 포용과 통합을 해줬더라면 좋았을 거다.

그다음 아쉬운 것은 검찰 개혁을 못한 거다. 다른 부분들에서는 전투적으로 일했으면서 왜 검찰 개혁은 못했는지. 취임 초기 검사들과 한 대화에서 그 수모를 당했으면서도 끝까지 검찰 조직을 놔두었다. 그게 정말 안타깝다. 결국 노 전 대통령의 안타깝고 불행한 죽음의 이면에는 이루지 못한 검찰 개혁이 큰 부분을 차지한다고 생각한다. 전직 대통령에게 수사를 빙자한 모멸적 행위를 한 것이 검찰이고, 그런 검찰 행위의 이면에는 검찰 조직과 관계된 고위 간부들의 개인감정이 많이 개입되어 있었다고 본다. 정치적 문제도 있지만, 결국은 검찰을 확실하게 개혁했더라면 그렇게 하지는 않았을 거다. 그런데 왜 검찰 개혁을 못했는지 모르겠다. 사법시험 동기를 검찰총장에 앉히고, 법무장관에 앉히고, 믿을 만한 사람들이 검찰 고위 간부가 되면 괜찮아질 거라 생각한 것이 아닌가 싶다.

구_ 좀 전에 김 전 대통령이 후계자를 못 키웠다고 지적했는데, 우리나라 정당의 경우 지도자 재생산이 잘 안 되는 문제점이 있다.

표_ 전라도 말로 '짠해서' 그렇게 된 거 아닌가. 아들도 짠하고, 자기 때문에 고생한 측근들도 짠하고. 그래서 그들이 정치적 지도력이 없는 것을 뻔히 알면서도 국회의원이든 당 간부를 할 수 있

❝ 우리나라에서 보수를 자처하는 자들은 절대로 자식을 군대에 안 보내고, 물론 자기들도 안 가고, 세금도 가급적 안 내려 하고, 재산은 해외로 빼돌린다. 그게 무슨 보수인가? 그들이 도대체 뭘 지킨다는 것인가? ❞

는 여건을 그대로 끌고 나갔다. 정(情)을 기반으로 한 그런 부분 때문에 지도자의 생산구조를 냉철하게 만들지 못했다.

구_ 유럽 정당의 경우 청년 조직에서부터 활동해 당수가 되고, 총리가 된다. 그런 과정을 통해 차기 지도자들을 만들어낸다.

표_ 그러니까 자기를 극복할 수 있는 지도자가 나와야 한다. 내 편, 내가 믿을 수 있는 사람이 아니라 'DJ, 당신은 이런 점이 문제였고 나는 당신보다 잘할 수 있습니다.' 이렇게 할 수 있는 지도자들이 나올 수 있는 구조를 만들어야 한다.

영국에서 알을 깨다

구_ 영국 유학이 유익한 전환점이 되었을 것 같다. 유학생으로서 영국 사회를 들여다보니 어땠나?

표_ 그 사회가 가진 자유의 분위기가 정말 부러웠다. 누구나 하고 싶은 이야기를 마음대로 할 수 있었다. 그 속에서 어떤 두려움도 느낄 필요가 없었다. 사회가 통제되고 있다거나 감시되고 있다는 느낌이 전혀 안 들었다. 그렇지만 누군가가 가해하고 괴롭히는 상황이 생기면 바로 경찰에 의해 그 문제가 해결되고 나쁜 사람은 처벌받고 피해자는 구조받았다. 그런 것들이 가장 부러웠다.

그다음으로는 우리와는 많이 다른 교육이다. 부모들은 자녀들에게 '너만 잘하면 돼.', '너만 친구들보다 더 높이 올라가면 돼.' 하고, 학교에서 배운 것으로도 만족하지 못해 학원에 보내고 과외를 시킨다. 영국에서는 이런 게 전혀 없는 분위기였다. 영국에서는 어렸을 때부터 다른 아이들에게 관심을 갖고, 배려하고 존중하도록 배운다. 물론 영국에도 학교 폭력이나 따돌림 문제 등이 있다. 하지만 기본적으로 다른 사람들을 배려하고 존중하는 분위기 속에서 성장한다. 그리고 한(恨)이 없다. 노동자든 수리공이든 누구든 간에 자기 직업을 부끄러워하지 않는다. 그 사람의 직업이 낮다고 해서 무시하는 것이 전혀 없다. 그러니까 '내가 이렇게 살 사람인 것 같아? 나도 어떻게든 해볼 거야.' 이런 악다구니가 없다.

구_ 제가 아는 외국 언론 매체의 서울 특파원이 있는데, 그의 아버지는 학교 청소노동자고, 어머니는 댄스학원 원장이라고 해서 놀랐다. 우리나라에서는 이런 조합을 상상할 수 없다.

표_ 그렇다. 상상할 수 없다. 영국에서는 남편은 순경인데 부인이 의사인 경우도 있다. 그런 커플이 많다. '뭐가 문젠데?' 이런 식이다. 남녀로 좋아하면 그만인 거지, 직업이나 부모는 관련이 없다는 거다. 심지어는 대학에서 깜짝 놀란 게 동성커플끼리 학교 안에서 '찐하게' 키스하고 있는 거다. 다른 학생들도 아무렇지 않게 지나다닌다. 그런 충격을 많이 받았다. 그래서 이런 생각을 하게 됐다. 과연 인간은 어떤 존재일까? 사회는 어떤 존재일까? 우리가 왜 다른 사람에게 나와 다르니 나처럼 하라고 강요해야 할까? 돌이켜

보면 나도 그랬던 게 많다. 도덕이나 윤리라는 이름으로 옳지 않은 것을 친구들한테 강요하고. 사실은 그것이 규범의 영역이 아니라 때로는 취향의 영역일 수도 있는데 말이다. 또한 영국의 방송프로그램은 우리나라처럼 맨날 예능이나 오락 등으로만 점철되지 않는다. 다큐멘터리나 토론 프로그램을 통해 사회적인 문제를 아주 진지하게 성찰한다. 그 자체가 하나의 학습이고 공부다. 그런 것들이 나를 많이 성장시켰다.

> **나와 완전히 반대에 있는 생각과
> 사람마저도 존중할 수 있게 되었다**

구_ 유럽 사회가 충격을 준 것인데.

표_ 초기에는 여러 가지 면에서 많은 충격을 받았다. 그때 내게 두 가지 커다란 콤플렉스가 있다는 것을 알게 됐다. 하나는 레드콤플렉스였고, 다른 하나는 재팬(japan)콤플렉스였다. 공산주의나 북한은 무조건 나쁘고 박멸해야 할 대상으로 여겼다. 영국에서는 우파 범죄학뿐만 아니라 좌파 범죄학도 가르쳤다. 좌파 범죄학을 하다 보니까 마르크스도 공부하게 되었다. 대학 시절에 다른 친구들과 마르크시즘에 관해 이야기하거나 그와 관련한 책들을 읽은 적은 있었다. 그런데 영국에서는 경찰과 범죄의 영역에서도 마르크시즘을 이야기했다. 마르크시즘에서 통렬하게 자본주의를 비판하고, 우파 범죄학의 모순과 문제점들을 공격하는 것을 보고 충격을 받았다.

　유럽에서 유학하는 북한 애들도 있었다. 한국에 있었을 때는 북한 사람을 만나면 때려잡아야 한다고 생각했다. 그런데 영국에서는 남한이나 북한이나 그냥 외국인 학생일 뿐이었다. 그들이 자본주의 체제를 갖고 있든 공산주의 체제를 갖고 있든 자기들은 알 바가 아니었다. 그리고 영국은 이념의 자유 등 모든 자유를 허용하기 때문에 '나는 공산주의자다'라고 선언해도 누구 하나 뭐라 하지 않는다.

　그렇다면 레드콤플렉스를 가진 나는 어떻게 해야 하나? 레드콤플렉스를 가진 한국인으로서의 정체성을 유지하고, 이 영국 땅에 물들지 않도록 나를 방어해야 하나? 그건 할 수 없었다. 그러다간 일단 학점도 안 나오고, 학위도 못 받는다. 유학생 사회에서 교류도 할 수 없다. 결국 내가 바뀌지 않으면 적응을 못하겠구나 생각했다. 그런 상황에 봉착해서 레드콤플렉스를 많이 성찰했다. 공부도 많이 하고, 지도교수와 대화도 많이 했다. 그러면서 '난 여전히 반공주의자이지만, 우리만이 옳고 우리만 존재해야 한다고 한다면 그것은 전체주의다. 우리가 주장하는 것은 자유주의고, 민주주의 아닌가. 그러면 나와 완전히 다른 주장을 하고, 나와 반대되는 주장을 하는 사람의 자유도 존중해야 자유주의고 민주주의다.' 이런 결론에 도달했다. 우리도 분단이라는 상황 때문에 남북한이 서로 총구를 겨누고 있긴 하지만, 한민족이고 언젠가는 통일을 할 거니까 서로를 인정하고 존중하는 상태에서 모순점과 한계점을 해결하고 결국 합의점을 찾는 것이 옳다.

구_ 재팬콤플렉스는 무엇인가?

표_ 한국인이라면 누구나 (친일파는 제외하고) 일본인은 다 나쁜 놈이라고 생각한다. 반일 감정이다. 그런데 영국에도 일본 학생들이 많다. '내가 저것들 두들겨 팰 거야.' 이렇게 다닐 수는 없지 않나. 만나서 악수도 하고, 이야기도 해야 하는데. 내 안에 있는 재팬콤플렉스 때문에 다른 사람들과 다르게 일본 학생들을 접하고 있는 내 모습을 발견하게 됐다. 게다가 교수나 학교 행정 당국도 일본 학생들에게는 잘해주면서 한국 학생들에게는 잘 못해주는 것 같은 생각이 자꾸 들었다. 거기에 화가 나서 항의하고 싸우는 내 모습을 발견했다. 만약 영국인의 처지에서 그런 나를 본다면 내가 되레 이상한 사람이었을 것이다. '같은 동양인들인데 왜 그렇게 전투적이고 공격적일까?' 이런 것들을 인식하고 나니까 내가 무조건 일본은 나쁘고 타도해야 한다는 것이 열등의식의 일종일 수도 있다는 것을 깨닫게 됐다.

일제 치하의 문제가 현대까지 이어져 아무런 죄가 없는 어린 대학생들까지 미워하고 공격하고 적으로 삼아야 하는가. 그런 고민을 하면서 재팬콤플렉스를 극복해냈다. 물론 우리는 역사를 결코 잊어서는 안 된다. 그들은 진정으로 사죄하지 않았다. 그런 그들을 용서해서도 안 된다. 하지만 그렇다고 해서 모든 일본인들을 나쁜 사람으로 규정하고, 아무런 죄가 없는 젊은 세대들에게 채무 의식을 강요하는 것은 옳지 않다. '그들을 그냥 보통 사람으로 대우하자. 다만 기회가 된다면 그들에게 일본의 역사를 정정당당하게 이야기하자.' 그다음부터는 일본 학생들을 만나는 것이 자연스러워졌다.

구_ 어떻게 보면 아이러니하다. 영국은 자본주의가 가장 먼저 발생한 나라고, 보수주의 정치사상이 발달한 나라다. 그런데 자본주의와 반공주의 체제 속에서 자란 한국의 한 젊은이가 그런 영국에서 충격을 받았다는 것이 그렇다. 이것 자체가 한국 사회가 얼마나 뒤틀려 있었는지를 보여주는 단면 아닐까?

표_ 그렇다. 물론 영국에도 'MI6'라는 우리나라 국가정보원에 해당하는 첩보기관이 있다. MI6의 역사는 공산주의와 벌여온 전쟁의 역사라고 해도 과언이 아니다. 소련의 기밀을 입수하기 위해 소련에 침투하기도 하고, 역으로 소련의 간첩이 MI6에 침투해 기밀을 빼내기도 했다. 하지만 사회 전체는 그러한 이념에 전혀 휩싸이지 않는다. 사상의 자유를 인정하고 존중한다. 노동당이 노동자의 대표로서 사회주의적인 가치를 내걸고도 수권 정당이 될 수 있는 국가가 영국이다. 그런 것들이 세련되고 전문적이고 능력 있는 보수라는 거다. 왕실은 보수의 최고 상징이다. 그런 나라지만, 왕실이 가진 포용력과 관대함으로 왕실을 비난하고 욕설하고 희화하고 풍자해도 허허 하고 그냥 넘어간다. 심지어 왕실 체제를 부정하며 왕정을 없애자는 주장이나 정치적 움직임도 내버려둔다. 이것이 보수의 진정한 모습이다. 그런데 우리는 보수라고 말하면서 정부에 문제가 있다고 말하면 '저거는 빨갱이'라고 한다. 군사독재다, 민주화가 안 됐다고 해도 '저거는 빨갱이'라고 한다. 이런 태도는 절대로 보수의 참모습이 아니다.

구_ 영국 유학에서 얻은 자산이 있다면 무엇인가?

표_ 헤르만 헤세의 《데미안》에 나오는 '알을 깨고 나오는 고통'을 영국이 줬다. 알 속에 갇혀 있던 내가 알을 깨고 나왔다는 생각이 든다. 숱한 선입견과 편견과 제약과 제한, 이런 것들을 깨뜨릴 수 있게 해줬다는 거다. 그런 기회의 땅 영국을 경험하게 돼서 고마웠다. 그리고 단순한 자베르 같은 권선징악적 경찰관이었던 내가 나와 완전히 반대에 있는 생각과 사람마저도 존중할 수 있는 태도를 갖게 됐다. 그것이 영국 유학에서 얻은 최대의 자산인 것 같다. 내 가치, 정체성, 지향과 이념 등을 유지하면서도 나와 전혀 다른 존재나 주장, 생각, 사람들도 존중하고 배려하고, 그들의 이야기를 귀담아들을 수 있게 됐다.

구_ 혹시 영국에 남고 싶다는 생각은 안 들었나?

표_ 그렇진 않았다. 가서 할 일이 많았다. '아, 내가 지금 느낀 것, 내가 깨달은 것을 빨리 가서 우리 한국의 국민들, 동포들에게 알려주고 그분들도 빨리 나처럼 깨어나도록 해드리고 싶다'는 생각을 늘 하고 있었다. 그래서 영국에 더 머물고 싶다는 마음은 한 번도 가진 적이 없었다.

04

누구를 위해 보수는 탄생했나

> **나는 저런
> 수구 꼴통과는 작별이야.
> 진정한 보수가 되겠어**

대한민국, 보수는 없다

구_ 보수의 품격으로 평화, 신사 등을 꼽았는데 한국의 보수는 어떤가?

표_ 우리나라에 정말 보수가 있을까? 보수를 내세우는 분들이 오히려 빨갱이들 같은 짓을 하고 있다. 몰려다니면서 무력시위를 하고, 폭력을 저지르고, 상대방의 자유를 억압하고, '너 말하지 마. 네가 하는 말은 듣기 싫어. 네가 하는 말은 다 못 믿겠어.' 하며 입을 봉한다. 그것은 보수가 아니다. 보수는 폭력보다 평화, 무례보다 신사적인 태도, 그리고 전체주의나 억압보다 자유를 옹호한다.

구_ 한국의 보수는 개혁 진영이나 진보 진영을 '종북 좌빨'이라고 공격한다. 이런 거친 언어의 구사가 결국 스스로 한국 보수의 천박함이나 허약함을 드러내는 것 아닌가?

표_ 맞다. 자신감의 부족이다. 스스로가 자신 있다면 자신의 가치에 위배되는 폭력적인 언사, 표현, 행동은 절대로 하지 않는다.

구_ 종북 좌빨 등의 낙인이 한국 사회에서 아직도 통한다고 보나?

표_ 통한다. 어떻게 보면 그건 상처를 이용하는 거다. 우리에게는 한국전쟁이라는 엄청난 민족적 상처가 있다. 그 상처를 자꾸 건드리는 거다. '빨갱이들이 얼마나 무서운지 그때 경험해보지 않았어? 이념이 다르다고 형제자매마저도 죽창으로 찔러 죽인 놈들이 잖아. 평생 자비롭게 은혜를 베풀어주던 주인을 세상이 바뀌었다고 찔러 죽이는 놈들이 공산당 아닌가.' 이런 것들이 이어져 내려왔다. 그래서 아무리 학식이 높아도 그 엄청난 트라우마를 안고 있기 때문에 그걸 건드리는 순간 게임 끝이다. 그것을 건드리는 사람이 나쁜 사람이다. 그게 통한다는 걸 알기 때문에 그것을 건드린다.

지금 새누리당에서 '우리 전략이 통했어'라고 할지 모르지만 정말 안타깝다. 새누리당에 이런 얘기를 해주고 싶다. 그런 식이라면 승리한 것이 아니다. 지금 당장은 모르지만 시간이 가면 갈수록 국민들의 상처는 깊어만 갈 것이다. 그렇게 해서 얻은 게 무엇인가. 당신을 신뢰하지 않는 사람들은 당신을 계속 적대할 수밖에 없다. 그러면 대한민국은 계속 반으로 쪼개져 흘러갈 수밖에 없다. 당신이 얻은 소수의 권력은 자녀 세대로 넘어갔을 때 불행해질 뿐이다.

구_ 한국 사회에서 '품격 있는 보수'가 가능할까?

표_ 가능하다고 믿고 싶다. 이제부터 시작 아닌가. 품격 있는 보수가 될 수 있는 분들이 보수를 포기하는 현상들이 있었다. '보수? 그거 수구 꼴통이잖아. 나는 그렇게 살기 싫어! 난 좌파야. 난 진보야.' 이런 모습들이었다. 내가 자꾸 보수와 반공을 주장하는 이유도 그거다. 보수면서 진보라고 말하는 것보다는 차라리 보수임을 당당하게 주장하는 게 낫지 않을까. 그래서 보수 속으로 뚜벅뚜벅 들어가 '너희들이 잘못된 거야. 너희들이 제대로 된 보수야?' 하고 안에서 흔들어버리는 게 훨씬 더 낫지 않은가. 그 안에 있는 분들에게 '우리가 가지고 있는 보수와 반공 정체성으로도 불법 비리 척결해낼 수 있어. 십알단(십자군 알바단:불법 댓글 조작단)처럼 '종북 좌파 빨갱이'를 입에 달고 다니는 사람들이 우리의 대표인 것처럼 보이는 것을 더 이상 참지 않아.' 하고 이야기하고 싶다. 그래서 '나와라, 나와라. 커밍아웃 해라.' 하고 계속 신호를 보내고 있는 거다.

구_ 어떻게 해야 한국 사회에서 '품격 있는 보수'가 탄생할 수 있을까?

표_ 길게 가야 할 것 같다. 단시일 안에 뭔가를 해보겠다는 시도는 실패할 수밖에 없다. 결국은 기득권이 없는 분들, 그런 종북 좌빨론으로 이득을 보지 않는 분들의 불안감과 두려움을 걷어내드리는 것밖에 방법이 없는 것 같다. 눈덩이가 굴러가면서 계속 커지는 '스노볼 이펙트'처럼 한 분 한 분씩 용기를 내 '그래, 나는 친일파는 작별이야. 나는 저런 수구 꼴통과는 작별이야. 진정한 보수가 되겠어.' 하는 움직임이 일어나기 시작하면 상당한 가속도가 붙을 것이다. 지금은 정중동의 상황이다. 대선 결과가 이렇게 나왔지만 보수층에도 갈등하는 분들이 있다.

구_ 결국은 '보수의 혁신' 과정이 필요하다.

표_ 그렇다. 혁신에 앞서서 붕괴가 필요할지도 모른다. 아예 그 안에서 먼저 해체가 이루어져야 한다. '우리가 보수야? 진짜 보수야? 아닌 것 같아. 그동안 지나친 냉전 논리로 똘똘 뭉쳐 있었는데, 우리 일단 좀 깨지자.' 이렇게 될 수도 있다. 일단 다 깨는 거다. 그다음에 다시 극우적인 분들은 그분들끼리 모여서 극우 정당을 만들고 그다음 참보수, 정통보수도 그에 걸맞은 정당을 만드는 거다. 진보 쪽도 마찬가지 아닐까 싶다. 양당 체제든 3당 체제든 가치와 이념을 가진 정당 구도가 만들어지는 게 바람직하다. 그때가 되면 정말 진보와 보수가 건전한 경쟁 속에서 서로 번갈아가며 집권할 수 있다.

현명한 우리 국민들이 '지금은 우리에게 진보적 가치가 더 중요해.' 이렇게 판단하면 진보가 집권하고, '아니야, 지금은 우리에게 보수의 추진력과 효율성이 필요해.' 하고 판단하면 보수가 집권하는 것이다. 그러한 방향으로 갈 수 있느냐 없느냐가 지금부터 5년

동안 결정될 것 같다. 우리가 이 중요한 기회를 놓쳐버린다면 다시 극우적, 수구 꼴통적인 거대 집단이 그대로 공고히 유지될 것이다. 반대로 진보는 아주 작아진 야당으로, 거대 여당에 반대한다는 의미로 존재하게 되는 불안정한 구조가 반복될 것이다. 그래서 건전한 보수의 형성이 정말 중요하다.

구_ 헌법에 있는 가치, 정신만 존중해도 품격 있는 보수가 가능할 것 같다.

표_ 전적으로 동의한다. 정말 헌법만 준수하고, 공감하고 행동한다면 보수 쪽이든 진보 쪽이든 아무런 문제가 없을 것이다. 그런데 헌법적 정신이 안 지켜진다. 표현의 자유 자체가 상당히 제약당하고 침탈당하고 있고, 언론의 자유도 보장받지 못하고 있다. 이것은 보수와 진보를 떠나 도저히 용인해서는 안 되는 상황이다.

보수, 근대의 승자

구_ 보수는 어떻게 근대의 승자가 될 수 있었나?

표_ 구체제와의 싸움에서 이기지 않았나. 합리가 아닌 신성과 절대로 지배하고 통제했던 구체제가 얼마나 강했나. 자유라는 가치를 내걸고 인간이 더 중요하다고 한 세력도 처음엔 소수였다. 인간의 권리, 가치, 존엄 등이 담긴 마그나 카르타도 채택됐다가 짓밟혔다. 프랑스혁명도 마찬가지였다. 하지만 그 숱한 과정을 거치며 결국 승리했다. 그래서 근대의 승자라고 얘기한 거다. 자본과 상공인들의 이익이 결부돼 있긴 했지만, 어쨌든 구체제의 모순, 부정, 부패, 타락 등을 극복하고 이겨냈다는 거다. 그것은 자유와 민주와 인권이 강하다는 증거다.

무력 싸움으로 이긴 게 아니다. 정신의 승리고 가치의 승리며 정의의 승리다. 입을 막고 찍어 누르며 지배하고 통제했던 낡은 구체제는 틀렸다. 중요한 건 사람이다. 그렇게 시작했고 그것을 믿었다. 그래서 근대의 승자가 보수라는 거다. 그랬다면 그 모습을 끝까지 유지해야 한다. 우리를 구체제라 하며 '당신들은 썩었다. 바뀌어야 한다'고 하는 새로운 세력에 재갈을 물려 말 못하게 하면, 그것이 이미 우리가 구체제라는 것을 인정하는 거다. 당당하지 않다. 자기모순이다. 승자로서의 당당한 모습이 아니라 비열함과 열등감을 가진 패배자의 모습이다.

> **룰을 정했으면
> 끝까지 지키는 것이 보수의 정신이다**

구_ 우리 현대사의 상당 부분에서도 보수가 승자였다. 그 승리를 '근대의 승자'라는 의미에서 볼 수 있는가?

표_ 아니다. 우리는 좀 많이 왜곡돼 있다. 우리 역사의 왜곡된 문제를 전통이라고 받아들여서는 안 된다. 일제의 압제가 전통인가? 그렇다면 일제가 심어준 식민적인 문화와 전통과 관행들을 우리가 받아들여야 하나? 그게 보수인가? 아니다. 우리는 바람직하다고 여겨 채택한 것을 전통의 보수라고 봐야 한다. 우리는 유럽처럼 직접적으로 항쟁해서 자유를 쟁취하지 못했다. 그렇지만 범세계적인 물결과 흐름 속에서 결국 우리가 채택하고 받아들인 것이 근대의 승자인 보수, 자본주의, 민주주의였다. '내가 보수주의자다.' 이렇게 주장하고 싶다면 내 가치는 거기 있다고 이야기해야 한다. 그런 정정당당한 승자로서의 태도를 갖춰야 한다. 자유와 민주와 인권의 가치에는 어떠한 제한도 가하지 않겠다는 자세와 신념이 있어야 보수라고 말할 수 있다.

구_ 보수가 앞으로도 승자가 되기 위해서는 승리할 때 가졌던 가치를 유지해야 한다. 그것이 자본주의와 민주주의다. 그런데 그것에 멈추지 않고 혁신을 계속해야 하지 않을까?

표_ 바로 그거다. 그런 가치를 유지하면서도 시대 변화에 맞춰야 한다. 민주주의는 국민에 의한 것이고 보수는 다수 국민의 선택을 받아야 살 수 있다. 대한민국 헌법 제1조는 '모든 권력은 국민에게서 나온다'고 명시한다. 그것을 포기하는 순간 보수가 아니다. 그런데 지금 어떻게 하고 있나? 보수에게 당당함이 있나? 혹시라도 선택받지 못할까 봐 갖은 단속을 하며 '빨갱이를 선택하면 죽어. 밉지만 우리를 선택해야 해.' 이러고 있지 않은가. 그건 비겁하고 열등한 짓이다. 그게 무슨 보수의 당당함인가? 그것은 보수가 지향하는 가치도 아니고, 헌법적 정신도 아니다.

구_ 한국에서 보수와 진보가 합의할 수 있는 최소한의 선이 '헌법'이라고 본다. 그런데 과연 한국의 보수가 자신들이 제정에 참여했던 헌법의 가치에 충실했는지 의문이다.

표_ '보수라고 스스로를 주장하는 자들'이라고 표현하는 게 나을 것 같다. '한국의 보수가 어땠는가?' 이 질문은 적절하지 않다. 아직까지 한국에서 보수가 제대로 구축된 느낌은 없다. 제대로 된 보수정당이 있는지도 의문이고 보수학자나 학회, 혹은 보수 단체나 집단에게서도 어떤 제대로 된 보수의 모습이 발견되지 않는다. 아직까지 우리에겐 '한국의 보수는 무엇인가'를 두고 치열한 논쟁을 거쳐서 정립된 예가 없다. 게다가 사람들이 '저들이 한국의 보수야. 보수의 장점은 뭐고, 단점은 뭐고, 계승되어야 할 점은 뭐야.' 이렇게 말할 만한 대상 자체가 없었다. 이런 전제에서 보면, 자칭 보수라 주장해왔던 정치 세력이나 집권해온 분들이 헌법에 충실해왔는가를 묻는다면 아니라고 답할 수밖에 없다.

헌법의 중심은 크게 두 가지다. 대한민국 국토와 영토, 정치체제에 관한 선언이 있고, 이것보다 더 본질적인 것으로 인권에 관한 부분이 있다. 대한민국은 민주공화국이고, 모든 주권은 국민에게서 나오고, 그 국민 각자는 하늘로부터 부여받은 인권을 보장받아야 한다. 국가는 오로지 공공의 안녕과 질서유지를 위해 '필요한 경우에 한해서'만 법률에 근거가 있을 경우, 그것도 그 권리의 본질을 침해하지 않는 선에서 개인의 권리에 제약을 가할 수 있을 뿐이다. 이것이 우리나라 헌법 정신이다. 그런데 그동안 개인의 권리를 훼손시키는 일들이 아주 많았다. 물론 거기에는 명분이 있었다. 그 명분의 이름은 '반공', '안정', '안보'였다. '지금은 위기니까 헌법이고 인권이고 그런 이야기는 하지 마.' 이게 주된 논리였다는 말이다. 한국전쟁 이후 우리는 늘 위기 상황이었다. 그러다 보니 보수는 국가를 지키기 위해서는 무엇이든 해야 하고, 할 수 있는 존재로 각인되고 인식됐다. 그리고 그 국가는 늘 풍전등화의 위기 상황이어서 보수의 정체성이 대를 위해서 소를 희생하는, 전쟁적이고 군사적인 것이 되어버렸다. 그렇다면 이것은 빨리 고쳐야 할 것 아닌가.

구_ 헌법적 가치나 정신이 하나의 이상일 수도 있다. 그리고 한국에서 보수라고 자칭하는 사람들이 말하는 '현실'이 있다. 그 이상과 현실 사이에 한국 보수의 모습이 있다. 그들이 원래 지향하고자 했던 헌법은 그들의 실제 모습과 차이가 있다. 도대체 이 차이는 왜, 어떻게 생겨난 것일까? 그들이 만들었던 헌법에만 충실했어도 한국 보수의 과오로 일컬어지는 것들을 최소화시킬 수 있었던 것 아닌가?

표_ 가장 쉽게 이야기하자면 게임의 규칙에 비유할 수 있다. 한국과 일본이 축구경기를 한다고 가정하자. 그러면 공정한 룰을 가지고 경기를 해야 한다. 똑같이 오프사이드를 적용하고, 똑같이 파울을 적용해야 한다. 그런데 만약 룰을 만들고 심판을 선정할 수 있는 권한이 일본에 있다면 어떨까? 일본은 질지도 모른다는 생각에 공정하고 객관적인 심판을 배정하지 않을 것이고 게임의 룰도 공정하게 적용하지 않을 것이 분명하다. 자신이 없을 때, 지면 안 된다고 느낄 때, 지면 우리가 큰일 난다고 생각될 때, 어떻게든 이기기 위해 모든 수를 쓴다. 홈 텃세라고 불리는 일들도 많았지 않나. 우리도 과거에 승부 조작이라는 말은 사용하지 않았어도 우리에게 유리하도록 판정하는 모습이 있었다. 한국 보수의 모습이 그런 거였다.

　공정한 원칙을 지켰을 때 질 수도 있다는 생각을 가져야 한다. 룰을 정했으면, 헌법이라는 룰을 정했으면 그건 어떤 순간에도 끝까지 지켜야 하는 것이 보수의 정신이다. 그런데 그것을 지키다 보면 손해 볼 수도 있다는 생각이 드는 거다. 질 수도 있고, 우리의 어두운 면이 드러날 수도 있고, 그로 인해 정권이 넘어갈 수도 있다는 생각 말이다. 그 근원에 일제 강점기가 있다. 친일파에게는 친일의 과거를 반민특위가 끝까지 파헤치도록 한다면 우리는 절단 난다는 공포감과 두려움이 있었다. 그다음에 독재로 이어졌다. 탈법과 범법, 결탁, 비리와 부패 등이 끝까지 파헤쳐진 적이 없다. 그러니 한국의 보수라고 하는 분들은 주로 과거에 얽매여 있다. 드러내기 싫어하는 과거의 어둡고 불법적이고 탈법적인 것들, 역사적인 죄들을 안고 있다. 그런데 룰을 지킬 경우, 즉 헌법에서 보장한 언론의 자유를 보장하고 누구나 하고 싶은 말을 하도록 한다면 누가 불편해질까? 불편한 걸 넘어서 한국의 보수는 다 절단 날 수 있다는 극한의 공포감을 가지고 있는 것 같다.

의무보다 특혜, 공익보다 사익

구_ 결국 다수 국민의 자유, 권리, 행복보다는 자기와 자기 세력의 기득권을 지키는 데 연연하다 보니까 헌법과 실제 모습 사이에서 차이가 생겨난 거다.

표_ 그렇다. 과거는 물론 현재에도 문제가 있다. 하기 싫지만 해야 하는 대표적인 의무가 병역이다. 그런데 힘 있고 권력 있고 돈 있는 사람들, 그리고 그 자식들은 대부분 병역을 면제받았다. 특혜를 누린 거다. 분명 헌법적인 정신에 어긋난다. 헌법에 따라 관련법이 적용되면 도저히 용납할 수 없는 탈법적인 병역기피 현상들이 특권층에서 계속 반복됐다.

교육도 마찬가지다. 부모가 얼마나 많이 가졌는지에 상관없이 모든 아이들은 같은 선상에서 출발해야 한다. 그게 보수를 지향하는 미국이나 유럽 국가가 표방하는 기회균등, 평등이다. 그런데 그런 기회균등, 평등에도 진입 장벽을 친다. '다른 세력들은 절대로 우리 아이들 위로 넘어올 수 없어.' 이런 태도를 취한다. 공정한 게임의 규칙, 헌법적 정신을 지키면 그것을 유지하기 힘들 것이라는 생각을 갖고 있는 것이다. '내 아이와 다른 집 아이가 공정하게 경쟁할 경우, 질 수도 있다. 나는 그것을 볼 수 없다. 내가 가진 힘을 모두 동원해서 내 아이를 남들보다 높은 곳으로 올려놓고 싶어.' 이런 삐뚤어진 애정이랄까. 앞서 이야기한 과거의 죄와 현재의 욕심이 만나 정치권력과 경제권력, 사법권력의 유착으로 이어졌다. 그리고 그것이 다시 서로를 뒤봐주게 되고 결국 이것이 헌법 정신을 지키지 못하게 하는 상황을 초래하지 않았나 싶다.

> **보수 정신은 사(私)를 멀리하고,
> 공(公)을 위해 헌신하는 것이다**

구_ 그렇지 않은 분들도 있지만 우리가 겪어온 한국의 보수는 헌법이 내세우는 공익적 가치, 공익적 정신이 결여돼 있는 것 아닌가 싶다. 공익보다는 사익을 추구하는 경향이 강하다. 심지어 공적인 자리에 있으면서도 사익을 추구하는 문제점이 있다.

표_ 맞다. 보수 정신은 멸사봉공이다. 사(私)를 멀리하고, 공(公)을 위해 헌신하는 것이다. 이것이 우리가 흔히 이야기하는 선비 정신이다. 그런 엘리트가 있기 때문에 엘리트 중심의 지배 구조가 정당성을 인정받는 것인데, 지금 자칭 한국의 보수라는 분들은 그런 모습을 전혀 보이지 않는다. 자기 것을 먼저 챙긴다. 대통령이 되자마자 측근들이 모든 걸 나누어갖는다. 모든 공적 자리에 자기편을 앉히고, 사법권력을 장악해서 수사를 피한다. 결국 임기 말이 되면 비난받거나 교도소에 들어가게 된다. 혹 죄 값은 안 치를지 모르지만, 국민 모두에게 지탄받는 모습을 반복적으로 보여주고 있다. 결국 보수의 정신은 전혀 없는 사람들이라고 봐야 한다.

또 하나, 우리가 '노블레스 오블리주'라는 말을 쓰지만, 어느 가진 자, 권력자가 이 땅의 어려운 사람을 위해 자기 것을 내놓는 모습을 전혀 보지 못했다. 보수가 현재의 지배 구조를 지키고 싶다면 그럴 만한 가치가 있다는 것을 늘 온몸으로 보여줘야 한다. 그런데 한국의 보수는 그것이 안 돼 있다.

또 하나의 문제는 재벌들이다. 재벌들은 같은 재벌의 비리가 드러날 때마다 감싸는 모습을 보인다. 한화그룹 김승연 회장이 조폭을 동원해 보복 폭행을 했을 때도 그랬고, 탈법적인 증여 문제 등이 드러날 때마다 전경련 등 재벌 단체들은 왜 재벌만 탄압하느냐는 성명서를 낸다. 그런 모습을 보고 국민들이 그들을 이 땅의 경제적 지도자라고 생각하겠는가. '자기들의 이익만을 위해 뭉쳐 있는 천한 자본주의자들이고 졸부들이다.' 이런 생각밖에 안 들 것이다. 이렇게 보수라고 하는 자들이 자기 이익만 챙기는 모습을 보여주면서 어떻게 현 질서와 구조가 올바르니까 지지해달라고 할 수 있겠나.

구_ 그동안 '보수가 당당해져야 한다'고 주문해왔다. 그런데 왜 한국의 보수가 그렇게 당당하지 못한 것인가?

표_ 보수 집단 내 권력 구조가 정당하지 못하기 때문이다. 상층을 점하고 있는 자들이 그들이 내세운 보수의 가치에 따라 자기들의 실력과 능력으로 그 자리에 올라갔는가? 보수적 가치를 지향하면서 능력 있는 사람들도 많다. 그런데 우리는 미국이나 유럽의 보수들에서 보듯 정치의 경우 가장 아래 단위인 당원, 청년당원으로부터 시작해 시의회 선거나 도의회 선거를 거치면서 능력을 발휘하고 그것을 인정받아 결국 당수가 되는 과정을 거치지 않는다. 이것은 민주통합당도 똑같다. 여야 가리지 않고 모두 마찬가지다.

한 번 차지한 것을 놓고 싶지 않은 거다. 자기들끼리 계파다 뭐다 하면서 자기에게 충성을 바치는 사람들로 패거리를 만든다. 그러니 스스로 당당할 수 없다. 토론을 통해 상대 후보와 제대로 된 정책 대결, 인물 대결을 하겠다는 모습을 보였나? 그런 적 없다. 그들이 이렇게 당당하지 못한 이유는 현재 그들의 체제와 구조가 정상적으로 이루어진 것이 아니기 때문이다. 그래서 나는 그게 혁파되어야 한다고 본다. 이 땅에 진정한 보수가 서려면, 불법과 반칙이 결국 이긴다는 잘못된 신념, 힘센 자에게 줄 서고 충성을 바치면 옳지 않더라도 결국은 나에게 보상이 돌아온다는 불의한 관행과 인식이 깨져야 한다. 그리고 자신들의 가치인 자유민주주의와 보수 정신을 믿고, 자신들을 비판하거나 대척점에 있는 상대편과 당당하고 공정하게 경쟁할 수 있는 자신감을 갖추어야 한다. 그래야 비로소 품격 있는 보수가 될 수 있다.

❝ 이 땅에 진정한 보수가 서려면, 불법과 반칙이 결국 이긴다는 잘못된 신념, 힘센 자에게 줄 서고 충성을 바치면 옳지 않더라도 결국은 나에게 보상이 돌아온다는 불의한 관행과 인식이 깨져야 한다. ❞

오독된 과거, 튀어나온 뉴라이트

구_ 진보 진영에서는 보수층의 권력 구조가 이렇게 잘못된 것은 과거사를 제대로 청산하지 못했기 때문이라고 보기도 한다. 청산해야 할 과거사를 제대로 청산하지 못했기 때문에 여전히 부패하고, 정당하지 못하고, 품격도 없는 보수주의가 계속 온전해왔다는 것이다.

표_ 맞다. 맞지만 현실을 무시할 순 없다. 이상과 현실에서, 보수주의자들은 현실에 좀 더 가깝다. 마르크스가 이야기한 것처럼 사유재산의 원천을 강탈이라고 본다면, 모든 재산은 환수돼야 한다. 과연 우리가 그것을 받아들일 수 있을까? 그건 아니다. 역사에서 오랫동안 엉킨 복잡한 실타래를 칼로 막 끊어서 조각조각 풀어 헤치는 방법은 바람직하지 않다. 그것은 교각살우다. 지금은 혁명 시대가 아니다. 그러면 답은 뭘까? 인정할 건 인정하자는 거다.

박근혜 대통령부터 시작해야 한다. 그래서 나는 집요하고 지속적으로 세 가지를 요구하고 있다. 과거를 인정하고 과거와 화해하라는 것이다. 현 기득권과 재산들이 모두 와해될지도 모른다는 두려움 속에서 극단적으로 권력을 유지하기 위해 안간힘을 써야 할까? 그것도 보기에 참 안쓰럽다. 진보 진영도 마찬가지다. '저들은 우리의 적이야. 발가벗겨야 하고 뺏어야 해.' 하는 것이 도움이 될까? 현실 속에서 고통받는 대다수 민중, 민초들에게 과연 그것이 좋은 것일까? 아니라고 본다. 화합과 통합이라는 차원에서 그것을 해결해야 한다. 현재의 기득권층, 권력층, 재벌들에 대해 인정할 건 인정하자. 그 전제는 뭘까? 그들의 존재와 정체성을 모두 와해하고 없애는 혁명적인 방법이 아니다. 남아프리카공화국의 '진실과 화해 위원회'에서 추구하고 실현했듯이 과거를 솔직하게 공개하고 용서하고, 고칠 것들은 고치고 내놓을 것은 내놓아야 한다. 그리고 분단이라는 현실 속에 우리가 인정할 수 있는 진보적인 정치 세력과 보수적인 정치 세력 사이에서 공정하게 경쟁할 수 있는 현실적인 목표를 가지고 서로 노력해야 한다.

구_ 한국의 보수가 '과거를 솔직하게 공개하고, 고칠 것은 고치고 내놓을 것은 내놓을' 것이라고 생각하나?

표_ 그래야 한다고 생각한다. 나는 보수주의자다. 보수가 제대로 형성되고 구축되고 자리 잡기를 원한다. 그런 가운데서도 진보를 인정하고 보수와 진보가 건전하게 경쟁하는 사회가 됐으면 한다. 자신들의 이익을 지키기 위해 보수의 본래 모습을 왜곡시킨 그들은 빨리 현실을 인정하고, 반성하고, 가지고 있는 것 중에 내놓을 것은 내놓고, 사죄할 것은 사죄해야 한다. 그런 모습을 보여야만 그 후에 진정한 한국의 보수가 탄생할 수 있다. 그렇지 않으면 희망은 없다. 계속 보수의 탈을 쓴 수구주의자들은 기득권을 유지하고 자신들의 더러움을 감추기 위해, 죄를 덮고 진실을 은폐하기 위해 무리수를 둘 것이다. 그 방법 중 하나가 문제를 지적하고 비판하는 사람들을 모두 종북 좌빨로 모는 것이다. 그리고 그런 불안감을 선거에 이용한다. 그래서 권력형 부패에 식상한 국민들이라 해도 빨갱이에 대한 불안감 때문에 또다시 여당을 찍을 수밖에 없게 된다. 이런 구조를 계속 가져갈 거다. 그들은 돈이 있고, 권력이 있으니까. 권력기관을 이용하고, 방송을 이용하는 것이다. 게다가 인터넷에서도 알바를 동원해 여론을 조작할 수 있다. 이런 방식이 계속 이어지면 다수의 국민은 늘 마음속에 억울함과 분노를 쌓게 된다. 그런데 이것이 선거로는 풀리지 않으니까 거리로 쏟아져 나온다. 그렇게 사안이 하나 생길 때마다 공분해서 거리 투쟁을 벌인다. 이렇게 하면 한국 사회가 제대로 갈 수 있는지 의문이다.

> **경제, 산업화 주체들의 대부분은 친일의 뿌리를 가지고 있다**

구_ 노무현 정부 시기에 보수의 혁신을 내걸고 '뉴라이트 세력'이 크게 형성됐는데, 이를 어떻게 평가하나?

표_ 사실 그때는 정치에 거의 관심이 없었다. 그런데 뉴라이트 성향의 시민 단체인 바른사회시민회의에서 나를 자꾸 불렀다. 공청회나 토론회에 나와 달라고 자주 연락해왔다. 하지만 왠지 모르게 신뢰가 크게 가지 않았다. 그래서 정말 제대로 된 보수일까 하면서 좀 지켜봤다. 거리를 두고 쭉 지켜봤는데 제대로 된 보수가 탄생하고 있다는 생각이 들지 않았다. 가장 핵심은 친일 문제다. '근대화'를 이유로 일제 침략을 미화하고 합리화하는 역사교과서를 만들거나 그런 논문을 쓰는 사람들이 뉴라이트 진영의 리더로 나왔다. 이것은 정말 새로운 보수의 탄생이 아니다. 오히려 보수의 위기를 조장해서 과거 군사독재보다 더 깊은 뿌리인 일제 미화를 정면으로 내거는 이상한 형태를 가지고 있었다. 이것은 문제가 있다고 봤다.

구_ 아이러니하다. 왜냐하면 흔히 수구 꼴통으로 불리는 분들은 반일 감정이 격하다. 그런데 보수의 혁신을 내세우는 뉴라이트들은 일제 침략을 수탈이 아니라 근대화의 과정으로 보는 '일제 근대화론'을 편다. 이런 역설이 존재한다.

표_ 종북 좌빨이라는 더 큰 적과 싸우기 위해 작은 차이는 품어야 한다는 전략적인 동맹일 것이다. 반일 감정이 충만하고 일본에 아주 격한 감정을 드러내는 분들조차 일본보다 빨갱이가 더 무섭고 싫다고 말하기도 한다. 그러니 일제 근대화론은 비난받지 않는다. 지금 야당이나 진보 진영 인사들은 박정희 전 대통령이 친일을 했고, 현재의 기득권층이 다 친일로부터 출발한다고 공격한다. 이런 공격은 항일이냐 아니면 빨갱이냐의 선택을 낳는다. 항일의 감정을 가지고 있지만 그것을 유지하다 보면 더 싫은 진보나 빨갱이 쪽에 은근슬쩍 포함될지도 모른다는 두려움을 느끼게 되는 것 같다. 그리고 그런 부분을 뉴라이트 쪽에서 이용한 것으로 보인다.

친일 문제를 내세우지만 원래 의도는 친일 공개나 청산이 아니라 더 큰 두려움을 불러오는 데 있다. '우리가 독립한 이후 남북으로 갈리고 좌우로 갈릴 때 좌익들과 공산당이 적산 몰수와 친일 척결을 주장했지만 사실은 공산화하는 것 아냐?' 이렇게 보는 거다. 그와 함께 우리가 너무 순진하게 항일을 이야기할 때가 아닌 것 같다는 분위기가 형성된다. 그럼 일단 가장 무섭고 두려운 종북 좌빨부터 대처해야 한다는 공감대가 커지게 된다. 이런 과정에서 '범보수'가 형성되고, 진보를 가장한 종북 좌빨들의 전략에 놀아날 수 없다는 위기감이 팽배해진다. 이런 일련의 움직임에서 조금씩 일제 침략과 지배를 합리화하는 논리들이 만들어지는 것이다.

사실 '우익 보수'를 주장하기 위해서는 박정희, 이승만으로 거슬러 올라가야 한다. 이승만, 박정희와 함께 형성된 경제, 산업화 주체들의 대부분은 친일의 뿌리를 가지고 있다. 그러니까 자기들을 지키기 위해서는 근본적으로 일본의 한국 지배가 우리 역사 속에서 연착륙되어야 한다는 논리가 필요했던 것이다. 그러는 사이에 초기에 있었던 강한 항일 감정이 희석되어갔다. 대신 가장 무서운 종북 좌빨, 북한을 이기는 방법을 찾았다. 그에 따라 역사 인식은 근대화의 영웅 박정희, 그 이전의 영웅 이승만을 알아야 하는 것으로 소급된다. 그들에게 달린 친일의 꼬리표를 떼려 하기보다는 차라리 '친일이 어쩔 수 없었고, 우리가 받아들여야 할 역사적

숙명이었다.' 이런 논리를 펴게 된 것이다.

구_ 반공의 공포감을 일으키려 한 뉴라이트는 전혀 뉴(new) 하지 않다. 이들은 보수파 정부인 이명박 정부에서 국회 등 제도권으로 진출했다. 하지만 '세력'으로서 뉴라이트는 거의 소멸됐다. 보수의 혁신을 외쳤던 뉴라이트가 제도권으로 들어가면서 왜 힘을 갖지 못하고 소멸했을까? 결국 전혀 새롭지 않았던 것 때문 아닐까 싶다.

표_ 뉴라이트는 사실 신자유주의다. 미국과 유럽의 뉴라이트는 극단적인 상업자본주의다. 그들은 국가의 개입을 최소화하고 국방까지도 민간 자본으로 민영화하자고 주장한다. 미국에서는 신자유주의가 보건이나 복지 등 국가의 근간을 훼손시키고 민생을 파탄시킨다고 해서 '99%운동'('1%에 저항하는 99%'라는 시민운동)이 일어났다. 이래서는 도저히 안 되겠다고 해서 신자유주의 배격 운동이 전 세계적으로 일어났다. 뉴라이트를 내걸었던 사람들이 정말 신자유주의를 제대로 알고나 있었을까? 그들이 내걸었던 신자유주의라는 모토가 전 세계적으로 타도 대상이 되고 있다는 것을 느꼈을지도 모른다.

한국에서는 FTA 협상과 신자유주의에 대한 국제적인 반발이 또 맞물리게 된다. 그런 것들이 뉴라이트 정체성에 혼란을 주고, 내부에서 분열을 일으키지 않았나 싶다. 또한 역사나 경제 등의 분야에서 진보적이었던 것들을 희석하는 데 총력을 기울이는 동안 실무 역량은 많이 쌓지 못한 탓일 수도 있다. 특히 이명박 정부는 한미FTA로 인해서 여론의 극한 반발을 겪게 된다. 그런데 그런 반발을 더 가속화시킬 수 있는 행보를 취하지 못했다. 실제 정부 구성이나 정책 집행에서 신자유주의와 다른 행보를 했고, 복지적인 것을 추구했다. 그런 상황에서 신자유주의와 연계되는 뉴라이트가 전면에 나설 수 없었을 것이다.

구_ 뉴라이트가 보수의 혁신을 내세웠지만 그것보다는 개별 인사들의 출세욕, 권력욕에 집착한 것이 세력 소멸의 원인이 됐을 수도 있다.

표_ 그런 측면도 있다. 자기들끼리 논공행상을 다투면서 지리멸렬해진 것 같다.

반미, 친미, 지미

구_ 미국은 한국 보수에 지대한 영향을 미쳤다. 그런 미국을 어떻게 평가하나?

표_ 미국은 한국의 보수주의자들에게는 애증의 대상이다. 미국은 이민자들이 만들어낸 새로운 국가였다. 유럽의 종교와 정치체제가 싫어서 유럽을 떠난 사람들이 모여 신세계를 만들어냈다. 그 이후에도 헌법을 수정하면서 결코 원칙을 잃지 않겠다는 태도, 언론의 자유에 대한 절대적인 천명, 정부나 국가의 이익이 걸려 있더라도 한 사람의 권리를 지켜주기 위해 사법부가 끝까지 지탱하는 모범적인 모습을 보여주었다. 그런데 미국이 시행하고 있는 대외적인 정책을 보면 생각이 달라진다.

이란 왕정 붕괴 이후 탄생한 호메이니 정권, 남미의 친미 정부와 그것에 대한 반발로 탄생한 좌파 정권에 미국이 개입되어 있다. 미국은 자기들 스스로 구현한 민주주의를 자신들이 영향을 미칠 수 있는 제3세계에서는 구현하지 않았다. 오히려 미국에 가까운지, 호의적인지에 대한 이해를 중심으로 도덕적이지 않고, 정의롭지 않고, 전통성도 없는 지도자의 정부도 지원하고 힘을 보태주었다. 결국 각 나라에서 왜곡된 보수가 탄생하고 형성된 것을 미국이 도운 것 아닌가 싶다.

미국이 9·11 테러를 당했는데, 이것은 그동안 미국이 키운 세력이 저지른 것이다. 알카에다도 마찬가지다. 왕정과 이슬람원리주의를 타파해서 미국처럼 자본주의적인 친미 정권을 만들려고 했다. 그런데 중동 지역에서 그렇게 안 되니까 무리하게 친미 정권이 국민을 탄압하고 독재하다 보니 그에 저항하는 세력이 생긴 거다. 그 저항 세력이 미국을 타깃으로 삼아 미국에 보복하고 있는 것 아니겠나. 그런 대외적인 정책들은 많이 안타깝다. 미국 안에서도 그런 부분을 많이 반성한다. 하지만 진보적이라고 하는 민주당 정권마저 국내에서 행하는 민주주의와 달리 대외적인 정책은 부시 정부 등 보수 정부와 유사하다. 미국의 이익을 위해 패권적인 대외 정책을 벌여왔다는 것이다.

그럼 우리나라는 예외일까? 미국은 우리나라에 미국적 민주주의가 꽃피울 수 있도록 도와주었을까? 그게 아니어서 안타깝다. 5월 광주 항쟁에 대처했던 미국의 태도, 그것을 모를 거라 생각했겠지만 알게 되지 않았나. 반미 감정의 뿌리는 거기서부터 생겨났다. 이승만 정권이 탄생한 배경도 마찬가지다. 누가 한국에 민주주의를 꽃피울 수 있나. 누가 한국의 역사적, 민족적 정체성을 이어갈 수 있나. 이런 것보다는 누가 미국의 말을 잘 들을 수 있나, 누가 미국과 이해관계를 같이해줄 수 있나. 이런 것들이 기준이 된 결과 뿌리부터 왜곡된 대한민국 보수가 탄생한 것이다. 이후에도 계속 보수의 왜곡 문제가 생겼다. 보수적 가치를 지향하는 분들에게 미국은 애증의 대상일 수밖에 없다. 스스로 모범적인 민주주의를 구축하고, 발전시키고, 전근대적인 상황에서 가장 이상적으로 탈출한 모습을 보여줬으면서도 결국 자신들만의 이익을 위해서는 다른 민족, 나라에 전제적이고 독재적인 정권마저 옹호하고 지원했다.

구_ 한국의 보수는 미국을 '보은의 나라'로 여기면서 동경의 대상, 옹호의 대상으로 본다.

표_ 우리 한반도의 상황은 민주주의냐 공산주의냐다. 그런데 북한과 가장 가깝고 북한을 지원했던 중국과 소련이 있는데, 거기에

> **내 정체성은
> 보수, 반공, 친미에다 경상도다**

대응할 수 있는 우리 편은 누구인가? 미국이다. 그리고 한반도에서 전쟁이 일어나면 누가 우리를 지원해줄 것인가? 그것도 미국이다. 남북 분단 상황으로 인한 냉전 논리와 이념의 극한 대립 속에서 이것저것을 합리적으로 따질 겨를이 없이 그냥 우리와 가장 가까운 우방은 누구인가? 미국이다. 이렇게 된 거다. 우리가 미국에게 버림받으면 러시아, 중국과 연계한 북한이 침공해 들어온다. 그러면 우리는 끝이다. 이렇게 되다 보니까 절대적으로, 거의 종교에 가까울 정도로 '미국에 밉보이면 안 돼. 미국이 싫어하는 것을 하면 안 돼.' 이런 정서가 형성됐다.

맹목적으로 미국을 찬양하고 지지하고, 미국에 조금이라도 밉보이면 큰일 난다고 여기는 모습은 미국민 전체에게는 원시적이고 미개한 것으로 보인다. 북한처럼 전체적이고 비합리적이고 맹신적인 모습으로 비칠 수밖에 없다는 거다. 이것을 우리가 빨리 깨달아야 한다. 미국은 민주주의국가다. 우리가 미국에 한국적인 상황을 그대로 보여줄 수 있느냐 없느냐의 문제일 뿐이지, 우리가 미국을 비판한다고 해서 미국민들이 우리를 싫어할 거라고 생각하는 것은 오해다. 우리가 그런 오해를 해서는 안 된다.

구_ 우리의 대외 관계에서 한미 동맹이 가장 우선한다. 지금은 세상이 달라져 중국과도 좋은 관계를 유지해야 하는 상황이 되긴 했지만. 그런데 정작 본인은 자신을 친미주의자, 지미 범죄학자라고 평가했다. 미국이 아니라 영국으로 유학을 갔다는 점에서 보면 그런 평가가 잘 이해되지 않는다.

표_ 드러내고 싶지 않은 전략적 부분도 있다. 나는 그 당시 문재인 후보나 야당을 종북 좌빨이라고 인식하는 국민들에게 '그렇지 않다. 그들은 빨갱이도 아니고 종북 좌빨도 아니다.' 이것을 알리는 데 모든 것을 쏟았다. 그러다 보니까 그분들에게 가장 중요한 가치였던 보수, 반공, 친미를 내가 주장하게 된 거다. 보수, 반공, 친미인 내가 이야기하니까 믿어달라. 이거였다. 그것이 가장 중요한 전략이었다. 그렇다고 해서 거짓말을 한 것은 아니다. 길게 설명하지 않았지만 그때 내가 이야기했던 친미, 지미는 무조건적인 반미, 즉 '미국은 나빠. 미국은 물러나야 해.' 이렇게 하는 것이 바람직하지 않다는 것이었다. 어쨌든 미국이 일본과 독일의 전체주의, 패권주의, 제국주의에 맞선 연합국의 맹주로서 역할을 한 것은 사실이다. 그리고 우리가 지향하는 자유민주주의의 연맹국이라는 점에서 미국은 대단히 중요하고 가까이 해야 할 나라다.

미국의 보편민주주의도 우리가 모범으로 삼아야 하고, 배울 점이 많은 나라다. 게다가 미국은 근대의 승자로서 보수주의의 본산이다. 그러한데 어떻게 미국을 미워할 수 있으며 싫어할 수 있겠나. 그런 의미에서 나는 친미주의자다. 그리고 범죄학, 범죄심리학,

경찰학을 공부하면서 수없이 많은 외국학자와 교류했는데, 그들 중 다수가 미국 사람이다. 1년 동안 미국 대학에서 강의도 했다. 그래서 지미고, 친미라 말한 것이다. 하지만 나는 미국의 잘못은 언제든지 맹렬하게 비판해왔다. 윤금이 사건 때도 그랬고, 9·11 테러와 관련해서도 그랬다. 미국은 어떤 이야기도 포용할 수 있는, 언론의 자유와 표현의 자유가 보장된 나라다. 그런데 우리나라 사람들은 그걸 잘 모르고 있다. 그래서 친미주의자라고 하면 내가 미국은 무조건 다 옳고, 다 잘한다고 생각하는 것으로 안다. 그것이 아니다. 미국의 잘못을 신랄하게 비판할 수 있는 사람이 오히려 친미주의자다. 그런 의미에서 나는 친미주의자인 것이다. 내 정체성은 보수, 반공, 친미에다 경상도다. 그러니까 내 이야기를 다른 사람과는 다르게 들어달라는 거다.

안창호의 길

구_ 자신이 생각하는 보수주의와 가장 가까운 역사적 인물이 있나?

표_ 도산 안창호 선생이라고 생각한다. 그분은 평화주의자다. 대화와 계몽을 통해서 우리 국민들이 깨어나야 진정한 독립이 온다고 믿었다. 그분의 길은 힘과 무력으로 혁명을 일으키는 방식과 달랐다. 우리 다수 민중들이 좀 더 많이 생각하고 공부하고 대화를 나누고 깨어나서 합리적이고 평화적으로 세상을 조금씩 좋게 바꿔나가야 한다는 것이 그분의 생각이다. 그런 모습을 닮고 싶다.

구_ 신채호 선생의 방식과는 대척점에 있다.

표_ 그렇다. 일부에서는 최근의 모습을 보고 내가 신채호 선생과 닮았다고 하기도 한다. 나는 도산 선생의 생각으로 접근하고 싶은 거다.

구_ 보수주의자로 커밍아웃 한 뒤부터 좀 전투적이어서 신채호 선생을 닮았다고 하는 것 아닌가? (웃음) 도산 안창호 선생을 선호하는 걸 보면 점진적 개혁을 선호하는 것 같다.

표_ 그렇다. 초등학교 때 읽었던 안창호 선생 전기에 큰 감명을 받았다. 그분이 하신 말씀이 있다. '외세와 연합해서라도, 무력 저항을 해서라도 지금 당장 빨리 독립해야 한다고 말하지만 저는 생각이 다르다. 우리 국민이, 우리 민족이 스스로 깨어나지 않으면 겉으로 독립된다고 해도 언젠가는 다시 우리 주권을 빼앗길 수 있다. 그래서 우리가 늦게 독립한다고 해도 우리 스스로 자주적이고, 우리 마음으로부터 독립해서 우리 주권을 찾을 때 이것이 진정한 독립이라고 생각한다.' 이런 취지의 말씀이다. 그것을 실제로 이행하기 위해서 국민들 속으로 들어갔다. 미국에서 상권을 놓고 싸우는 동포들을 만나서 왜 싸우면 안 되는지를 설득하고, 동네를 돌아다니면서 청소하고, 이런 실천을 통해서 한 명씩 감명시키고. 흥사단

운동을 통해 청년들을 교육하는 모습들에 아주 큰 감동을 받았다.

비폭력 저항운동의 진정한 힘은 무엇일까? 혁명은 무엇일까? 우리가 올바름을 실현하는 데 가장 좋은 방법은 무엇일까? 우리는 감정을 앞세워 지금 당장 확 바꿔버렸다가 이후에 반동이 일어나고 반혁명이 일어났던 사례를 무수히 봤다. 준비되지 않은 상태에서 선동에 의해 혁명을 이룩해냈을 때 결국 감당하지 못하는 모습도 봤다. 그래서 좀 오래 걸리더라도 확실하고 점진적인 변화와 혁명을 해야 한다고 생각한다.

구_ 도산 안창호 같은 인물을 다른 나라에서 찾아본다면 누가 있나?

표_ 그런 계몽주의적인 노력을 했던 분들이 다른 나라에도 꽤 많다. 인도의 마하트마 간디, 프랑스의 루소 등이 그런 분들이다. 대부분 급격한 변화보다는 본인부터 실천하여 주변을 변화시키고, 말과 글, 교육으로써 계속 바뀌나가는 운동을 한다. 그래서 내가 좋아하는 말이 '더 파워 오브 원(the power of one)', '한 사람의 힘'이다.

한 사람의 힘이 실제로 세상을 바꿀 수 있다고 믿는다. 그렇게 세상을 바꾸는 과정은 어떻게 이루어져야 할까? 간디나 루소의 방법이라고 보는 거다. 물론 무조건 천천히 해야 한다고는 생각하지 않는다. 그런 노력을 하다 보면 변수가 생긴다. 그 노력이 변화의 대상에게는 귀찮음과 불편함을 준다. 저기에서 뭔가 바람이 일어날 것 같다는 불안감을 준다. 그러면 그냥 놔두지 않는다. 거기를 탄압한다. 탄압하면 비폭력적이고 점진적인 개혁에 관심이 쏠리고, 많은 사람들이 참여하고, 그렇게 되면 처음에 의도했던 것과 달리 빠르고 급진적이고 혁신적인 변화를 불러일으키는 경우도 꽤 많다. 다만 처음부터 의도적으로 사람들을 끌어들여 혁명을 일으키겠다는 방식은 선호하지 않는다. 하나하나 올바르게 견뎌나가면서 변화를 이끌어낼 수 있다. 정의롭지 못한 상대방이 두려움과 불안감을 느껴 반발하고 탄압하면 오히려 그것이 우리의 힘을 더 키워나간다는 교훈을 많은 역사적 사건에서 얻었다.

05
나는 말하고 싶다

> **하고 싶은 얘기를
> 지금 해야 하는데
> 왜 두려워하고 있지?**

살아 있는 검열

구_ 언론의 자유, 표현의 자유를 적극 옹호하고 있는데 특별한 이유가 있나?

표_ 언론·방송과 접촉이 많았기 때문일 수도 있다. 상당히 많은 언론계 종사자들과 만나면서 언론·방송의 모습을 간접적으로나마 들여다볼 수 있었다. 영국에 있을 때, BBC 프로그램 연구 때문에 BBC 방송국의 피디, 작가들과 상당히 많은 인터뷰를 진행한 적이 있다. 그러면서 영국 BBC가 운영되는 체제, 윤리 강령 등을 들여다봤다. 지도교수가 관장했던 학회에서 영국과 캐나다의 방송법을 비교하는 세미나를 한 적도 있다. 전공은 아니었지만 관심이 갔다. '국가와 민족의 고유한 전통과 가치를 지키기 위해 지나치게 상업적인 외국의 오락물 방송 비중을 제한하는 것이 방송의 자유를 해치는 것인가.' 이에 대해 논쟁이 벌어졌다.

놀랄 수밖에 없었다. 우리가 이야기하는 방송과 언론의 자유는 내가 하고 싶은 이야기를 두려움 없이 하는 것이라고 생각했는데, 여기서는 그게 당연한 것이라 논의할 가치도 없었던 것이다. 누구든지 여왕을 욕하고 비난하고, 심지어 다이애나 비의 죽음이 여왕 일족과 정보기관의 합작이라고 얘기해도 누가 뭐라고 하지 않는다. 그런데 오히려 문화의 건전성과 교육의 가치를 지키기 위해 외국 오락물 방송 비중을 제한하는 것이 과연 언론·방송의 자유를 침해하는지에 대해 논의하다니. 사치스럽다는 생각까지 들었다. 우리나라에 돌아와서도 언론의 자유에 대해서는 쭉 관심을 가지고 있었다. 다만 이 분야까지 내가 나설 건 아니라고 생각해 관망했던 것이다.

내게 짐처럼 계속 남아 있었던 게, 나를 취재하고 인터뷰했던 시사 프로그램인 〈PD수첩〉, 〈시사매거진 2580〉 등의 담당 피디와 작가 들이 파업이나 해고 등으로 현장에서 사라진 것이었다. 망치로 쾅 얻어맞는 느낌이었다. 그런데 그분들은 나한테 어떤 도움도 요청하지 않았다. 물론 나를 보수 쪽이라고 생각해서 그랬는지도 모르겠다. 그런데 가끔씩 내가 알고 있는 그분들의 이름이 나오고 그분들이 외치는 절규가 들리면 마음이 많이 아팠다. 그럼에도 이건 내 영역이 아니라며 다독거려왔었다. 그런데 이번 사건이 딱 터지면서 내가 직접 당사자가 됐다. 내 표현의 자유라는 것을 직접적으로 생각하게 된 거다.

'하고 싶은 얘기를 지금 해야 하는데 왜 두려워하고 있지? 왜 내가 자기 검열을 하고 있지? 왜 내가 이렇게 고통스러워야 하지? 왜 밤에 잠을 한숨도 못 자야 하지? 왜 내가 가지고 있는 이 직을 던져야 내가 하고 싶은 얘기를 할 수 있지? 바로 이것이구나.' 하는 걸 깨닫게 된 거다.

구_ 지난해 본인의 문제와 마주하면서 표현의 자유, 언론의 자유를 향한 확신이 더욱 커진 것인가?

표_ 그렇다. 학자고, 공부를 해왔기 때문에 표현의 자유에 늘 관심을 가지고 있었다. 특히 표현의 자유는 경찰 업무와 직접적으로 맞닿아 있다. 지금은 국정원에 피소를 당한 처지지만 과거에는 반대쪽에 있었다. 명예훼손, 특히 출판물에 의한 명예훼손이나 시국적인 발언 등 정부 비판적인 발언을 한 사람들에 대한 경찰의 법 집행에서 언론의 자유는 늘 중요한 화두였고, 고민거리였다. 내가 공부하면서 갈등했던 부분이 언론의 자유에 접근하는 방법론이었다. '적극설'이냐 '소극설'이냐, 그것이 문제였다.

미국의 수정헌법 제1조의 정신에 따르자면 언론의 자유는 무제한 보장되어야 한다. 그다음 언론의 자유로 인해 실질적인 피해가 발생하면 어떻게 할 것이냐는 문제가 생긴다. 허위 사실로 인해 한 기업이 망했다고 할 때도 언론의 자유를 보호해주어야 하나? 그게 가장 커다란 문제다. 그래서 무제한적인 허용설 자체는 이상론이고, 미국도 제한적 책임론, 사후적 책임론을 채택했다. 언론의 자유는 일단 보장해야 하지만, 그 결과로 인해 실질적인 피해가 발생했다면 피해 입은 사람이 자신의 피해를 구제받기 위해 그런 표현을 행한 자에게 소를 제기할 수 있다는 것. 이것이 제한적, 사후적 책임론이다. 이것이 다수설이다.

미국의 수정헌법 제1조에서는 언론의 자유를 제한하는 어떤 법도 만들지 말라고 규정하고 있다. 그러니까 사전 제한은 절대로 안 된다는 거다. 무조건 모든 사람들이 말할 수 있도록 해줘야 한다는 것이다. 하지만 그 결과 누군가에게 실질적 피해가 발생한다면 피해를 입은 사람은 당연히 구제받을 수 있도록 보장하고 있다. 그런 논리에 입각해서 보면, 그동안 우리 사회에서 벌어졌던 명예훼손이나 국가보안법 등 여러 가지 법으로 발언과 표현에 재갈을 물리고 탄압하고 처벌했던 것은 보수의 원칙에 어긋나는 것이다.

그래서 많이 고민했다. 많이 고민했지만 그동안 나를 계속 합리화했던 것은, 분단 상황인 우리는 미국과 다르다는 것이었다. 상대방은 갖은 선전 선동, 여론 조작을 해오는데 우리는 순진하게 언론의 자유를 무한으로 보장한다면 국가가 무너지는 것 아닌가. 국가가 무너지면 개인의 자유라는 것도 다 없어지는 것 아닌가. 그러한 합리화가 우리를 붙들고 있었고, 그걸로 지탱해왔다. 특히 범죄학과 경찰학, 범죄심리학 분야 전문가다 보니 표현의 자유, 언론의 자유 문제까지 나설 필요는 없다고 생각해왔다. 그러다가 그것이 내 문제가 되어버렸다.

국정원 사건을 본 순간, 하고 싶은 이야기가 있었다. 왜 국민으로부터 의심받고, 신뢰를 잃는 행동을 하는가? 진실을 밝혀내지 못하고, 엄정한 법 집행을 못할까? 이런 안타까움 속에서 뭔가 이야기하고자 할 때 자기 검열이 일어났다. '내가 이런 이야기를 해도 될까?' 하는 의문. '내가 이런 얘기를 했다가 어떤 일이 발생할까?' 하는 두려움. 내가 마음껏 이야기하면 내가 속한 조직과 집단에 피해가 갈 것이 뻔했기 때문에 미안함도 있었다. 이런 것에 사로잡힌 내 모습을 보면서, '이게 바로 표현의 자유라는 거구나.' 하는 걸 느꼈다. 내가 이런 두려움과 갈등과 번민을 느끼는 상황은 옳지 않았다. 너무 괴롭고 아팠다. '결국 내가 과거에 침묵했던, 분단 논리, 국가안보 차원에서 모두 합리화시켰던 표현의 자유, 언론의 자유가 내 문제가 됐구나.' 하는 생각을 했다.

　2차 대전 당시 독일 나치 상황에서 한 독일남자가 이웃집에 살던 유대인이 잡혀가는 모습을 보고, '나는 유대인이 아니니까 괜찮아.' 했다. 좀 있다가 유색인종이 잡혀갈 때도 '나는 백인이니까 괜찮아.' 했다. 동성애자가 잡혀가는 것을 보고도 '난 동성애자가 아니니까 괜찮아.' 했다. 그런데 결국 자신이 나치에 협력하지 않았다는 이유로 잡혀가게 됐을 때 주위를 둘러보니 자기를 도와줄 사람이 아무도 없었다. 내 문제가 아니라고 방관했던 문제가 나에게 닥칠 수 있음을 보여주는 이야기다. 이것이 나에게도 똑같이 적용되더라. 그동안 나는 내 문제가 아니라는 이유로 주장하거나 표현하는 것으로 인해 탄압받는 사람을 외면했다. 그런데 그런 처지가 된 나를 발견했다. '아, 그렇구나. 표현의 자유라는 것 자체가 얼마나 중요하고 엄중한 권리인가.' 내가 직접 겪어보니까 알겠더라.

구_ 그럼 그 전에는 자기 검열을 많이 했나?

표_ 많이 했다. 계속 해왔다. 그러다 보니까 마음에 자꾸 앙금이 남아 있었다. 그것이 이 사건을 계기로 터져버렸다. 심리학에 '티핑 포인트'라는 게 있다. 컵에 물을 따르다 보면 가득 찬 이후 한 방울 때문에 흘러내린다. 이것이 티핑 포인트다. 그동안 내게 쌓여왔던 물의 축적, 그것이 결국은 자기 검열의 연속선상이 아니었겠나.

재갈 물린 사회와 민주주의의 적

구_ 표현의 자유를 누리기 위해 경찰대 교수직도 집어던졌는데, 자유롭게 이야기했다가 국정원 간부에 의해 재갈이 물렸다. 여전히 자유롭지 않아 보인다.

표_ 그렇다. (웃음) 자유롭고 싶어서 나왔는데 또 다른 형태의 속박이 기다리고 있었던 거다.

구_ 우리나라에서 표현의 자유를 옥죄고 있는 법이나 제도에는 무엇이 있다고 생각하나?

표_ 가장 대표적인 것이 형법상 명예훼손죄다. 사후적, 제한적 책임론에 따르면 형사처벌을 해서는 안 된다. 피해 당사자가 민사상의 배상책임을 묻는 민사소송은 할 수 있다. 하지만 국가가 한 개인의 표현을 억압하는 형벌로 다스리는 명예훼손죄는 가장 심각하게 언론의 자유와 표현의 자유를 억압한다고 본다. 그리고 최근에 유엔 인권조사단이 발표한 대로 국가보안법이 해당될 수 있다. 국가보안법이 보수냐 아니냐를 가르는 척도처럼 돼 있는데 그게 참 안타깝다.

나는 보수주의자이지만 정정당당하라고 이야기한다. '자신만만하라. 정정당당하라. 그러면 국가보안법이 없어도 우리는 국가를 지킬 수 있다.' 그만큼 우리는 자신 있다고 이야기해야 하는 것 아닌가? 그리고 국가보안법에 있는 규제 조항은 충분히 형법에서도 처벌할 수 있다. 모든 나라에서 이적 행위나 간첩 행위는 형법으로 처벌하고 있다. 국가보안법의 찬양 고무나 이적 표현물 등은 애매모호하다. 실제로 이적 표현도 아닌데 반정부라고 해서 처벌하거나 단속 대상이 되어서 처벌받지 않더라도 사람을 위축되게 만든다. 참 안타깝다.

우리가 정말 자유민주주의국가고 보수라고 얘기한다면 그 본질이고 근간인 언론의 자유, 표현의 자유는 절대적으로 지켜내야 한다. 그런데 우리의 적인 공산 북한으로부터 우리를 방어하기 위해서는 그 자유의 본질적 내용을 제한할 수밖에 없다는 모순에 빠져 있다. 보수는 분단 상황을 더 확대하고, 진보는 그렇지 않다고 한다. 이런 견해 차이가 있다. 하지만 정말로 사심 없이, 사익 없이, 그리고 반칙 없이 그것을 사회적 담론으로 끌어내 토론하고 논쟁한다면 얼마든지 해소할 수 있는 문제다. 그런데 그 담론 자체를 막고 있다. 소수 권력자들이 불편하니까 그렇다. 표현의 자유를 억압하면 권력 카르텔을 비판하는 것을 차단할 수 있다. 자기 검열을 하게 하고, 옥죄게 하고, 목소리를 억압할 수 있는 가장 유용한 도구가 표현의 억압이기 때문에 권력은 그 문제가 담론화되는 걸 원치 않는다. 그러다 보니 보수적인 국민들은 국가보안법 없애자고 하는 사람을 다 종북 좌빨로 몰아붙인다. 유엔에서조차 국가보안법 때문에 한국의 인권 수준이 낮으니까 철폐하라고 권고하고 있는데도 그렇다. 유엔이 빨갱이란 말인가? 우리나라 사람이 사무총장인 유엔의 인권조사국에서 국가보안법 때문에 인권침해가 일어난다고 지적하는데도 국가보안법을 개정하거나 폐지해야 한다고 말하면 다른 건 보지도 않고 무조건 빨갱이라고 하는 상황이 안타깝다. 이 상황을 빨리 타개해야 한다.

구_ 국가보안법이 있는데도 우리나라 대통령들은 북쪽 지도자를 두 번이나 만났다.

표_ 최근 MBC 기자도 말레이시아에서 김정남을 만나지 않았나. 국가보안법 유지를 주장하는 사람들이 국가보안법을 위반하는 상황이 나오고 있다.

구_ 그런 상황이 희극적이다.

표_ 그렇다. 코미디다.

구_ 표현의 자유와 관련해 미국의 수정헌법 제1조를 언급했다. 어떤 의미를 가지는가?

표_ 진정한 보수와 가짜 보수를 가르는 기준이 무엇이냐고 물어본다면 표현의 자유가 핵심이 될 것이다. 지금 종북 좌빨을 가리는 기준으로 국가보안법의 유지냐 폐지냐를 얘기하는 것은 옳지 않다. 오히려 그보다는 진정한 보수의 가치를 가리는 기준을 말해야 한다. 자유민주주의를 옹호하느냐 안 하느냐, 지지하느냐 안 하느냐, 따르고자 하느냐 안 하느냐가 기준이 될 것이다. 그 핵심은 결국 언론의 자유, 표현의 자유에 대한 태도에 달려 있다.

누군가 한 사람이라도 의심하는 것, 누군가 한 사람이라도 가지고 있는 정보가 표현될 때, 다른 표현의 자유와 언론의 자유가 교차하게 된다. 그 교차가 만들어내는 것은 집단 지성이다. 집단 지성이 형성되면 진실과 정의가 가려진다. 그렇게 진실은 드러나고 거짓은 묻히게 되는 것이다.

이 사회는 신이 아닌 인간들이 사는 세상이다. 때문에 지금 정말 북한이 도발하고 있는지, 대통령 후보가 신천지와 관련이 있는지 없는지는 알 수 없다. 그것을 알 수 있는 유일한 방법은 말하고 싶은 것을 말하게 하는 것이고, 알고 있는 것을 표현하게 하는 것이며, 갖고 있는 정보를 드러내게 하는 것이다. 그런데 그 언론의 자유, 표현의 자유를 국가안보, 분단 등의 명분으로 억압하는 순간 우리는 아주 많은 것을 잃게 된다. 비리를 그대로 묵인하고 방조하게 된다. 권력을 잡게 되면 자기 자식들은 군대 안 보내고, 세금 안 내고, 대대손손 자신들의 기득권을 유지하기 위해 교육을 왜곡시킬 것이다. 이런 것들을 포함한 어떤 잘못이 획책되어도 누구도 그것을 말하지 못하는 세상이 된다. 그것이 결국은 서민들의 가슴을 멍들게 하고, 이 세상은 정의롭지 않음을 느끼게 만든다. 가슴에 울화가 있으니까 이웃과 조금만 분쟁이 생기면 폭력으로 표출되고, 세상 다 싫다고 연쇄살인이 일어난다.

구_ 도대체 누가 표현의 자유를 두려워하는 걸까?

표_ 내가 수없이 던진 질문이다. 도대체 누가 표현의 자유를 두려워하는가. 결국 감출 게 많고, 잘못을 저지르고, 누군가가 이야기를 하게 되면 자신들의 어두운 면이 밝혀질까 봐 두렵고 공포스러운 사람들. 이들이 표현의 자유를 두려워한다. 누가 사회악의 근원인지, 이 땅을 이렇게 힘들고 어렵게 만드는 사람이 누구인지 알고 싶다면 간단하다. 누가 다른 사람이 말하는 것을 막는가? 하고 싶은 말을 떠들었는데 누가 고소하고 탄압하는가? 그들이 민주주의의 적이다.

표현의 경제

구_ '경제보다 표현의 자유가 우선된다'고 주장했는데, 표현의 자유가 사람들에게 밥을 먹여줄 수 있다고 보나?

표_ 표현의 자유가 직접적으로 밥을 먹여주지는 않는다. 하지만 세상에는 사람들이 먹고살 만큼의 식량이 생산되고 있고, 우리의 경제구조도 향상되었다. 그게 왜곡되지만 않으면 된다. 왜곡되지 않고 시장경제의 원칙에 따라서, 거기에 존 롤즈적 정의론(최소수혜자를 최대한 배려하라.)에 따라서 복지가 깔려 있는 경제구조로 굴러간다면 모두의 입에 밥이 들어간다. 그런데 현실은 그렇지 않다. 독점, 카르텔이 형성되고, 담합이 이루어지고, 복지 예산이 다른 곳에 전용되고, 토건 사업이 이루어진다. 그렇게 되면 억울하게 굶는 사람, 직장을 잃는 사람이 생기고, 죽는 사람도 생긴다. 표현의 자유, 언론의 자유가 제대로 확보된다면 그런 모순이 일어나지 않도록 비판하고 감시할 수 있다. 소수의 이익을 위해서 국가경제를 왜곡시키는 현상은 막을 수 있다는 것이다. 그렇기 때문에 결국 표현의 자유, 언론의 자유가 많은 사람에게 밥을 먹여주는 것이 될 수 있다.

구_ 밥이 불공정하고 불평등하게 분배되고 있다면 '밥이 불공정하게 분배되고 있다'고 얘기할 수 있어야 불공정하게 분배되는 밥의 문제를 고칠 수 있다. 그런 점에서도 표현의 자유가 충분히 밥을 먹여줄 수 있다고 본다.

표_ 간단히 설명하면 이런 거다. 군대 취사반이 있다. 예를 들어 100명의 사병이 있고, 거기에 맞게 급식비가 나온다. 그런데 매번 15명분의 급식이 빼돌려진다. 그것을 한두 명만 안다. 매번 밥을 충분하게 먹지 못하는 사병들에게서 불평불만이 나온다. 그런데 '불평하지 마. 어디서 불평이야. 주는 대로 먹어'라고 한다. 열심히 훈련받고 말을 더 잘 들으면 급식 예산이 늘어날까? 그것보다는 15명분의 쌀이 어디로 빼돌려지는지를 이야기하게 해서 잘못된 부분을 고치는 것이 나을 것이다.

구_ 그런 점에서 사회적 양극화 문제를 고치기 위해서라도 표현의 자유를 보장해야 한다.

표_ 그렇다. 일단 언론의 자유, 표현의 자유만 보장되면 문제가 제기된다. 문제가 제기되면 각 영역의 전문가들이 분석하고, 평가하는 등 전문적인 노력을 기울이게 될 것이다. 그러면 답이 나온다. 이번 국정원 사건도 마찬가지다. 국정원 직원의 행태에 의혹이 있다. 언론의 자유, 표현의 자유가 확장돼서 신문들도 마음대로 보도하고 방송들도 마음대로 보도하면, 전문가들이 나서서 증거와 법리를 판단하게 된다. 그러다 보면 진실이 드러난다. 그게 '당사자주의'라고 하는 사법적 정의의 핵심 아니겠나. 검사는 검사대로 최대한 자기가 제시하고 싶은 증거를 제출하면 되고, 피고인은 피고인대로 하고. 그런데 '피고인, 너는 말하지 마. 검사만 말해.' 이렇게 하면 그런 법을 누가 받아들이겠나?

딸아이가 다섯 살 때 욕심을 부려서 다른 아이가 가지고 있던 장난감을 슬쩍 가지고 왔다. 내가 '너, 손에 있는 게 뭐니?' 하고 물으니 손을 뒤로 하고는 '없어.' 하는 거다. '그래? 조금 전에 여기서 뭐 갖고 놀았니?' 이런 식으로 하나둘 이야기하다 보면 딸아이는 그것이 자기한테 불리하니까 이렇게 말한다. '아빠, 말하지 마.' 그렇게 말을 못하게 한다. 말이 두려운 거다. 그런데 그게 나중에 둘째아이 때도 똑같더라. '아, 언론의 자유, 표현의 자유를 탄압하고자 하는 심리가 이런 거구나.' 하고 느꼈다. '말이 두렵구나. 하나하나 차분하게 따지는 것 자체가 공포심과 두려움을 불러일으키는구나.' 왜? 자기들이 잘못했으니까. 숨기고 싶은 게 있으니까, 이야기하면 할수록 자기 잘못이 드러날 수밖에 없으니까 그렇다. 다섯 살짜리 어린아이의 방어적 행동, 방어심리적인 행동을 사회 지도자들이 보이고 있다.

억압, 두려움의 표현

구_ 서구 사회에서는 언론의 자유나 표현의 자유를 둘러싼 논쟁이 20세기 초반에 마무리됐다.

표_ 그렇다.

구_ 그런데 이명박 정부가 출범하면서 우리는 그것을 다시 되돌아봐야 하는 처지가 됐다.

표_ 그게 아주 안타깝다. 방송통신위원장과 각 방송사 사장의 선임부터 아주 유치했다. 1960년대도 아니고 이것이 21세기 대한민국 자유의 현황인가? 미국의 국제인권단체 프리덤하우스에서 낸 보고서에 따르면 우리의 언론 자유 순위는 169개국 가운데 70위였다. 정말 부끄러운 일 아닌가? 모두 지난 5년간 행해진 것들이다. 이게 뭘까? '내가 좀 불편한 이야기들은 떠들지 말았으면 좋겠다. 내가 듣기 좋은 얘기들만 나왔으면 좋겠다.' 이거 아닌가. 이건 독재다. 절대왕정 시대의 왕이나 하는 생각인데, 그게 통용되고 있다는 게 아주 가슴 아프다.

> **정정당당하면 왜 비판하지 못하게 하나?**

구_ 왜 이명박 정부에서 표현의 자유, 언론의 자유가 심각하게 후퇴했다고 생각하나?

표_ 그만큼 숨기고 싶은 게 많은 것이다. 당당하지 못하고, 자신감 없고. 미르네바 사건, 〈PD수첩〉 사건, 천안함·용산 사태·쌍용차 등 사건들이 많았다. 그동안 어떤 사안이든 나는 경찰 편에서, 정부 편에서 이야기했다. 그런데 내가 안 나간 토론이 있다. 용산 사태와 관련한 토론회에는 안 나갔다. 다섯 분이 사망하고, 경찰관

❝ 왜 보수의 가치에는 표현의 자유가 핵심적이어야 하는가? 이것을 제대로 고민해봤다면 '저 새끼 말 좀 못하게 했으면 좋겠어.' 하는 감정이 차올라와도 '아, 내가 그 말을 하는 순간 나는 나의 정체성을 뒤집는 것이야.' 하고 느끼는 자기 본능적 제어장치가 생기게 된다. ❞

한 분이 사망해서 총 여섯 분이 사망한 사건이고, 실패한 작전인데 뭘 잘했다고 문제를 제기할 수 있겠냐는 생각이었다.

일부 네티즌이 'Ctrl+v' 자판에 동전을 끼워 계속 누르는 형태로 검색 순위를 조작했다가 기소되는 사건이 있었다. 그 당시에 나는 사이버경찰청 수사 요원들의 진심을 믿었기 때문에 이건 정치적 사건이 아니라 순수한 형사사건이라고 주장했다. 이 네티즌이 정부 비판적인지 정부 옹호적인지에 상관없이 그 방식은 합법적이어야 한다. 그와 관련한 토론회에서 나는 정부와 경찰을 옹호했다. 대부분의 경우에 그랬다. 아동성범죄자의 경우에도 형량을 강화해야 한다며 보수적인 주장을 대변해왔다. 그러면서 상대방이 비판과 반론을 제시하면 된다고 생각했다. 그런데 말조차 못하게 하는 거다. 천안함도 그렇고. 출발점은 BBK다.

BBK부터 시작해서 언론의 자유는 완전히 망가지기 시작했다. 왜? 감출 게 많기 때문이다. 정정당당하면 왜 비판하지 못하게 하나? 내버려두면 된다. 왜곡되고, 과장되고, 허위라면 밝혀질 수밖에 없다. 그런데 BBK 사건부터 시작해서 우리는 언론의 자유, 표현의 자유를 두려워하는 대통령을 가졌다. 5년간 정부에 불리한 사안만 발생하면 일단 그 사안에 정면 돌파하거나 정정당당하게 대응하기보다 일단 말을 못하게 하는 다섯 살 아이 같은 태도로 접근해왔다. 그런 일이 결국 나에게까지 일어나게 됐다.

구_ 우리도 논쟁하다가 불리하면 '하지 마.' 하면서 말을 끊어버린다. 일단 말하게 되면 불리하니까 그렇다. 그런데 어찌 보면 정치적 성향과 상관없이 권력 그 자체는 진실이나 정보를 통제하고 싶은 유혹을 강하게 느끼는 것 같다.

표_ 그렇기 때문에 미국의 수정헌법 제1조가 언론의 자유가 됐다. 자기들도 그런 유혹에 빠질 것을 알기 때문에 자기 스스로를 단속한 거다.

보수가 보는 인간관과 진보가 보는 인간관은 다르다. 진보는 인간을 선하게 본다. 원래 인간은 선한 존재기 때문에 '사회적 본성'이라는 말도 쓴다. 마르크스가 인간에게는 사회적 본성이 있다고 말했다. 그래서 억압하지 않고 내버려두면 형제애, 자매애가 자동적으로 발동해서 콩 하나 가지고 열 명이 나눠먹게 되고, 그러면 세상이 평화적으로 돌아간다는 거다. 그러니까 이 잘못된 자본주의 모순과 억압만 걷어치우면 된다고 얘기한다.

반면 보수는 그렇게 이야기하지 않는다. 인간은 원래 이기적이기 때문에 통제가 필요하다고 본다. 인간은 자기의 이익과 만족, 행복을 추구하기 위해서 자기 파멸에까지 이를 수 있는 존재다. 그러므로 인간에게는 스스로 통제하는 것뿐만 아니라 외적 통제가 필요하다. 그래서 미국은 자기 통제를 위해 수정헌법 제1조를 만든 거다. 권력을 갖게 되면 비판의 소리를 싫어하게 마련이다. 그럼 비판을 차단하려 할 것이다. 스스로 통제가 되지 않기 때문에 헌법이라는 강력한 외적 통제를 만든 것이다. 어떤 정부도, 어떤 권력도 결코 언론의 자유를 탄압하는 법률을 만들 수 없다는 가장 강력한 헌법 규정은 그렇게 생긴 것이다.

구_ 그런데 한국의 보수는 언론의 자유를 보장하기 위해 앞장서지는 못할망정 억압하는 태도를 보이고 있다. 왜 그들은 자신들이 비판하는 북한처럼 행동하는 걸까?

표_ 그래서 그들이 보수가 아니라는 거다. 스스로 보수라고 주장하지만 진정한 보수가 아니라는 거다. 보수로서 자신의 정체성을 숙고해본 적이 없다. 스스로 내가 누구인지 물어봤는가? 고전을 읽어보면서 인간을 고민하고 세상은 어떤 곳인지, 나는 이 세상에 대해 어떤 가치관을 가져야 하는지 고민해봤을까? 그러한 시민교육이 초등학교부터 중학교, 고등학교 등을 거쳐 제대로 이행됐고, 그런 교육을 받고 나서 '나는 보수야.' 하고 이념 선택을 했다면 절대 언론의 자유, 표현의 자유를 억압하는 이야기를 할 수 없다. 왜 보수의 가치에서 표현의 자유가 핵심적이어야 하는가? 이것을 제대로 고민해봤다면 '저 새끼 말 좀 못하게 했으면 좋겠어.' 하는 감정이 차올라와도 '아, 내가 그 말을 하는 순간 나는 나의 정체성을 뒤집는 것이야.' 하고 느끼는 자기 본능적 제어장치가 생기게 된다. 그것은 십수 년간의 교육과정을 통해서 형성되어야 한다. 그런데 한국의 보수는 이게 안 된 거다. 오직 이해관계에 따라서만, 즉 내가 속한 집단에 유리한지, 불리한지만 따지는 것이 보수인 것처럼 포장되어 있기 때문에 아무 생각 없이 북한과 같은 행동을 하는 거다. 전체주의적 행동, 개인의 자유를 보장하지 않는 행동, 민주주의에 역행하는 발언들을 하고 있는 거다.

구_ 한국의 보수는 인간을 이해하고 성찰하는 교양이 부족하거나 결핍돼 있는 것 같다.

표_ 맞다. 민주주의라는 말을 안 써도 된다.《사서삼경》이나 삼강오륜의 유교적 전통에서만 봐도 예의라는 것을 전혀 갖추고 있지 않다. 그들의 생떼와 폭력, 난동은 타인에 대한 배려를 눈곱만큼도 찾아볼 수 없는 무자비한 행동들이다. 민주주의를 이야기하기 전에 우리의 과거적 전통인 유교 원리에도 맞지 않다. 그러면서 무슨 보수라는 이야기를 꺼내나.

빨갱이야, 입 닥쳐라

구_ 원론적이고, 좀 우문 같지만 개인의 권리와 자유 중에서 왜 표현의 자유, 언론의 자유가 중요한가?

표_ 표현의 자유, 언론의 자유가 모든 권리들을 지켜줄 수 있는 출발점이자 방패막이며, 모든 권리로 통하는 통로라고 보기 때문이다. 행복추구권, 인격권, 존엄권, 사생활 권리, 신체의 자유, 거주의 자유 등 그 많은 권리들 하나하나가 다 소중하다. 다 소중하지만 그게 침탈되는지 안 되는지를 어떻게 아나? 나도 모르게 국회에서 만드는 법이 내 행복추구권을 제한할 수 있다면 나는 그것을 어떻게 알 것인가? 언론의 자유, 표현의 자유가 있어야 그것을 알 수 있다. 그렇기 때문에 다른 모든 개인의 권리, 기본권, 사회권 등이 다 소중하지만 그 권리들을 지킬 수 있는 실질적이고 기본적인 수단은 표현의 자유인 것이다. 언론의 자유, 표현의 자유가 없다면 그것이 어떻게 지켜지겠나.

> **북한 권력자들이 햇볕정책을 좋아했을까?
> 싫어하고 두려워했다고 본다**

구_ 하지만 보수는 여전히 분단 체제로 인해서 남북 대립이 계속되고 있으니 안보가 더 중요하다고 반박한다.

표_ 그것도 언론·표현의 자유를 보장해서 드러내주면 된다. 한쪽에서 '북한이 이런 전략으로 선전 선동을 하고 이만큼의 간첩을 남파하고 있으니 우리가 정신을 차리자.' 하면, 반대쪽에서 '북한은 그럴 역량이 없고, 우리의 민주주의는 공고하다.' 이럴 거다. 이렇게 얘기를 나누면 된다. 그런데 안보와 빨갱이 이야기만 부각하고 다른 논의를 못하게 하는 것은 절대로 합리적이지 않다.

구_ 그럼에도 불구하고 한국의 보수는 '안보'를 제일 중요한 가치로 본다.

표_ 북한과의 관계를 적대적이고 냉전적으로 가져가면 우리가 더 안전해지나? 그럴수록 적은 더 도발하려 하고, 무기 개발에 박차를 가하게 된다. 햇볕정책을 둘러싸고 여러 가지 논쟁이 있지만, 과연 북한 권력자들이 햇볕정책을 좋아했을까? 싫어하고 두려워했다고 본다. 자기들도 어쩔 수 없이 응했던 것이다. 보수 정권이 위기일 때, 보수층에서 집권하고 싶을 때, 늘 총격 사건 등과 같은 북풍이 일어난다. 그렇게 남북 간에 적대적이고 냉전적인 분위기가 만들어지면 북한 민중들도 내부적으로 결속한다. 그것의 결과는 무엇인가. 북한 정권의 부패와 실정이 유지되고 군 경험도 없는 26세 지도자가 등장한 것이다. 왜? 남북 간에 긴장이 조성되고 대결 분위기가 형성되니까 다른 생각을 할 수 없는 거다. 비판할 수 없는 거다. 비판을 하면 남한을 도와주게 되니까. 결국은 남북한의 부도덕한 정권들끼리 야합해서 양쪽의 국민들을 모두 핍박하고, 독재를 하기 위한 방법으로써 자꾸 서로 색깔론 내세우고, 전쟁 위기를 고조시키고, 대결 양상으로 몰아간다. 그러면서 민주주의와 자유를 억압하는 방향으로 나아간다.

구_ 언론의 자유나 표현의 자유는 제한하거나 조절해서는 안 되는 절대적 가치라고 생각하나?

표_ 그렇다. 왜냐하면 우리가 인간이니까 그렇다. 인간이란 어떤 존재일까? 민주주의, 자본주의가 영원할까? 분명히 다른 이념,

다른 세상이 나타날 거다. 그전에 절대왕정이 있었고, 신성 종교국가가 있었다. 이렇게 정치나 이념은 바뀌지만 변하지 않는 것은 우리가 인간이라는 사실이다.

인간이라는 존재가 도대체 어떤 의미일까? 여전히 긍정적으로 보고 싶다. 우주와 지구 환경에서 인간이라는 존재가 해악이라고 생각하고 싶지 않다. 해악이라고 생각하면 너무 슬프지 않나? 공해를 일으키고, 전쟁을 일으키고, 결국은 환경과 지구를 멸망으로 몰아 가는 존재라면 생명과 환경을 위해 빨리 없어져야 하겠지. 그건 아니라 생각하고 싶다. 그러면 인간은 선한 존재여야 하고, 지구와 우주에 뭔가 보탬이 되는 존재여야 하지 않을까? 인간은 끊임없이 고민하고 비판하는 본질적인 사명을 갖고 있다고 생각한다. 동물은 본능적으로 행동하지만 인간에게는 사고 능력이 있어서 생각하며 고쳐나가고 바꿔나간다. 그런 점에서 인간한테 가장 중요한 본질은 양심, 사고, 생각일 것이다. 이것이 인간의 본질인데 그것을 제한하고 제약한다는 것은 우리 스스로를 부정하는 것이다.

구_ 언론·표현의 자유가 진정한 보수가 지켜야 할 자유라 생각하나?

표_ 그렇다. 우리가 왜 북한 공산주의를 비난하나? 비판적인 이야기가 나오면 아오지 탄광에 끌려갈 정도로 폐쇄된 사회라 교육받아 왔다. 그런데 우리는 왜 그 짓을 똑같이 하나? 보수가 뭔가?

우리가 반공이라 얘기하는 것은 공산주의 북한이 잘못되었고, 그들이 전체주의를 통해 개인의 자유를 말살하고 있기 때문이다. 우리는 그 반대로 개인의 자유를 최대한 보장하는 자유민주주의라고 자랑스럽게 이야기한다. 그런데 애국과 자유를 내세우는 자칭 보수라는 분들이 개인의 자유를 무참하게 말살하고 있고, 무슨 얘기만 하면 '저건 빨갱이니까 말 못하게 하라'고 한다. 그건 자기들이 타도해야 한다고 떠드는 북한 빨갱이들의 행동을 그대로 따라하는 것이다. 그걸 왜 못 볼까? 왜 거울을 들여다보지 않을까? 그분들은.

구_ 블로그에 달린 댓글 보면 '이 빨갱이야, 입 닥쳐라.' 이런 댓글들이 적지 않더라.

표_ 그분들을 미워하고 싶지 않다. 이해하고 싶다. 왜냐하면 그분들의 잘못이기보다는 소수 권력자들의 농간이 그분들을 그렇게 만든 것이기 때문이다. 권력자들이 순진하고 순수한 우리 국민들에게 빨갱이를 향한 두려움, 특히 한국전쟁의 경험이 현재진행형이라고 주입하고 있다. '저 야당 무리들은 그때 우리가 겪었던 좌익 빨갱이다.' 그렇게 얘기한다. 이성적으로 들여다보려면 시간도 걸리고 어렵고 힘들지만 본능적으로 감정적으로는 그냥 따라가면 편하다. 그러다 보니 웬만큼 불편하고 골치 아픈 얘기에 '쟤 빨갱이다.' 그러면 아주 편하고 좋은 거다.

나도 그렇게 된 거다. 그걸 한 번 생각해보자. 내가 이 사건이 있기 전까지는 당신들이 날 어떻게 봤나? 나를 당신들의 수호자라고 보지 않았나? 당신들이 빨갱이라고 말하는 진보나 시민 단체나 야권 측에서 무슨 얘기를 하면 내가 나서서 다 방어하지 않았나. 그런데 어느 날 갑자기 당신들에게 불편한 얘기를 하니까 당신들이 나를 빨갱이라고 한다. 그럼 내가 변한 걸까? 그런 질문을 자꾸 던지고 싶은 거다.

거울 앞에 선 보수와 진보

구_ 분명히 본인을 반공주의자, 보수주의자라고 친절하게 설명했는데도 '당신은 빨갱이다.' 이런 댓글을 달았다. 그런 분들이 변한다는 게 어려워 보인다. 그렇다면 결국은 세대의 자연적 소멸밖에 없지 않겠나? (웃음)

표_ 그렇게 생각하진 않는다. 여전히 희망은 버리고 싶지 않다. 그분들도 나와 같이 앉아서 허심탄회하게 이야기를 나눌 수 있게 된다면 얼마든지 변화할 수 있다. 그래서 안창호 선생의 방법을 선호하는 거다. 그들을 자꾸 대상화시키고, 어쩔 수 없다 하고, 그들에게도 마찬가지로 수구 꼴통이라는 꼬리표를 붙여 유형화시키는 순간, 우리는 그들을 포기하게 되고, 그들의 변화 가능성을 놓치게 된다. 그건 아니라고 본다. 그들이 종북 좌빨이라고 하는 것이 잘못된 행동인 것처럼 '저들은 변하지 않아. 저들 세대가 없어지기를 바랄 뿐이야.' 하는 순간 우리도 똑같은 사람이 되는 거다. 그래서 우리는 끊임없이 노력해야 한다. 그분들도 생각할 기회를 얻지 못했을 뿐이고, 차분하게 이것저것 따질 수 있는 기회를 가지지 못해서 그런 거다. 그분들도 인간이기 때문에 인간이 가진 본질적인 사고 능력을 지니고 있고, 그러한 사고 능력이 제약 없이, 두려움 없이, 공포 없이 계속 질문에 질문을 거듭하면서 무엇이 정말 진실일까를 탐구할 수 있는 기회만 드리면 달라질 수 있을 것이다.

구_ 보수든 진보든 거울을 자주 들여다봐야 할 거 같다. 우리 모습이 과연 진짜 우리가 이야기했던 모습인지, 아니면 우리가 미워했던 모습인지 자꾸 들여다봐야 할 것 같다.

표_ 맞다.

구_ 한국의 보수 우파는 지나치게 단순하다는 단점이 있다. 좀 전에 지적한 것처럼 복합적인 문제를 성찰하지 않으려고 한다. 복합적이고 중층적인 역사를 단선적으로 해석하려고 한다. 이러한 경향은 보수뿐만 아니라 진보에서도 발견된다.

표_ 맞다. 진보도 문제다. 그런데 왜 자꾸 보수의 문제를 지적하느냐 하면 보수가 다수고 강자니까 그렇다. 다수 강자부터 바뀌어야 한다. 약자나 소수의 처지에서는 그럴 수 있다. 그냥 내버려두면 된다. 그들의 의견이 지나치게 비이성적이라면 결코 다수가 될 수 없다. 그래서 그냥 내버려두면 되는데 자꾸 그걸 밟고 탄압하고 통제하니까 그들이 자꾸 자리를 잡고 커지는 거다.

구_ 지금까지 한국 보수의 문제를 제기했는데, 한국 진보의 문제는 언제쯤 제기할 생각인가?

표_ 진보의 문제는 여러분들이 많이 이야기하지 않나. (웃음) 많은 분들이 이야기하기 때문에 굳이 지금 상황에서 내가 더할 필요는 없는 것 같다. 우리 편의 문제가 더 심하다.

비판은 도와주는 거다. 문제 제기와 비판은 약점을 찾아내서 고치고 치료하는 의사의 역할과 같다. 그건 사랑하니까 하는 거다. 건강하게 해주고 싶으니까 하는 것이다. 그런데 상대방 편에 있는 진보를 그렇게 해주기 전에, 우리 편부터 먼저 고쳐야지. (웃음) 오히려 진보 안에서 진보를 비판해야 한다. 진보 안에서도 비판해 제대로 된 진보의 모습을 갖추어야 한다. 그래서 보수가 제대로 정립되면 보수와 진보가 진검 승부를 하는 순간이 오기를 기대한다.

구_ 여전히 진보보다는 보수에 정답이 있고, 옳다고 생각하나?
표_ 그렇다.

구_ 어떤 이유 때문에 그렇게 생각하나?
표_ 여전히 현실 문제 때문이다. 현실과 이상 사이에서 이상만을 추구하면 미래의 변화를 위해 쌓아온 모든 것이 뒤집어질 수 있다. 나름대로 나는 나를 인본주의라고 본다. 급격한 변화 과정이신 날지도 모른다. 기득권이 없는 분들, 약자들은 바꿔보자고 들썩들썩할 거다. 그렇게 해서 현 체제가 모두 무너지고 새로운 세상이 만들어진 후에도 가장 힘들고 어려운 분들은 역시 가장 밑바닥에 있는 민중들이다. 그런 사례를 많이 봐왔다. 그래서 보수가 건전해질 수만 있다면, 보수가 제 역할을 찾을 수만 있다면, 다소간에 문제가 있을 수 있지만 점진적 변화를 통해 개선할 수 있다면, 그래서 결국 존 롤즈적인 정의가 구현될 수 있다면, 그것이 약자들에게 인간으로서 존엄성을 지켜줄 수 있다.

06
한국 사회에서 정의란 무엇인가?

❝ 내가 제일
싫어하는 말이
유전무죄 무전유죄다 **❞**

보수의 정의

구_ 가장 좋아하는 가치를 '정의'라고 했는데, 표 교수가 살아온 한국 사회에 정의가 있었다고 생각하나?

표_ 정의가 없는 사회는 없다. 정의는 있다. 다만 그 정의가 얼마나 크게, 많이, 잘 지켜져왔고 보장되어왔느냐 또는 얼마나 많이 훼손되어왔느냐의 문제가 있을 뿐이다. 때문에 정의가 있었느냐라는 질문은 적절치 않다.

구_ 그렇다면 한국 사회에서 정의가 얼마나 충만해 있다고 생각하나?

표_ 글쎄, 그 정도를 어떻게 이야기할 수 있을까? 비교해서 이야기하자면 분명히 과거보다는 나아졌다. 분명히 계속 나아지고 있다. 그래서 희망적이라고 본다. 앞으로 더 나아질 것이다. 물론 유럽 수준의 정의와 우리 정의의 수준을 비교하면 우리가 뒤처지는 것은 분명하다. 예를 들어 우리나라에서는 강자라는 이유로 옳지 않은 일을 해도 처벌받지 않는 경우들이 얼마나 많은가? 유럽에서도 그런 일이 없다고는 할 수 없다. 있다. 특히 돈의 위력은 크다. 누가 봐도 저건 문제가 있고 옳지 않아 보이는 불의한 일인데 돈의 힘으로 모든 증거를 인멸하고 매수해서 처벌을 피해가는 일이 있다. 이탈리아 베를루스코니 총리 같은 경우가 대표적이다.

최근 검찰의 잘못된 행동들에 대해 지는 책임은 일반인들이 지는 책임과는 전혀 비교할 수 없을 정도다. 노사 간 분쟁에서도 노동자들의 잘못을 들추지만 사측의 문제는 밝히지 않는다. 표면에 드러난 노동자들의 문제들에만 정의의 잣대를 들이댄다. 이런 것들을 본다면 우리는 유럽 등 선진국들의 정의 수준에서 많이 뒤처져 있다는 느낌이다.

구_ 그렇게 한국과 유럽의 정의 수준이 다른 이유는 무엇인가?

표_ 일단 정의의 3차원적 접근, 아리스토텔레스적인 접근이 필요하다. 첫 번째가 평균적 정의다. 우리가 흔히 법 앞에 평등이라고 말한다. 그것처럼 모든 사람에게 똑같은 것이 주어져야 한다. 그것은 법과 정치의 영역이다. 모든 사람에게 똑같은 선거권이 하나씩 주어지는 게 평균적 정의다. 또 모든 사람에게 자신들이 법을 어긴 만큼의 처벌이 가해져야 한다. 절도를 저질렀는데 부자라고 돈을 써서 빠져나가 벌을 안 받고, 가난한 사람은 교도소에 가는 것은 정의가 아니다. 그런 부분이 얼마나 지켜지느냐가 가장 중요하다. 그런데 우리 사회에서 대통령 측근들은 헤아릴 수 없을 정도로 많은 돈과 뇌물을 받고, 국정을 농단하고 사리사욕을 채우는 범죄행위를 저질러도, 기소당하고 유죄판결을 받아도 약속이라도 한 듯 항소를 포기하고 사면을 기다린다. 사면될 거라 생각하고, 또 사면이 이루어진다. 이것은 공개적이고 공식적으로 대한민국에 평균적 정의가 없음을 드러내는 거다.

우리는 '유전무죄 무전유죄(有錢無罪 無錢有罪)'의 경우를 많이 봐왔다. 힘 있고 돈 있는 자들은 유야무야 처벌도 제대로 안 받고 풀려난다. 이번 국정원 사건이 나를 분노하게 한 것도 바로 그런 거다. 권력을 가졌다는 이유만으로, 똑같은 범법 의혹 사건인데 왜 경찰은 약한 자에게 그렇게 엄하고 단호하게 법 집행을 하는가. 약자에게는 가능한 모든 법적 수단을 과감히 사용하면서 권력자 앞에서는 인권을 거론하고 주장하느냐는 말이다. 이것도 우리 사회의 평균적 정의가 전혀 지켜지지 않고 있음을 보여주는 거다. 그래서 아주 많이 화가 났다. 대한민국에서 정의는 이처럼 왜곡되고 우리 국민들로 하여금 불신을 갖게 만들고 있다.

내가 제일 싫어하는 말이 유전무죄 무전유죄다. 하지만 나는 대한민국이 그렇지 않다고 주장하고 싶다. 그런데도 대한민국은 자꾸 그런 모습을 보이고 있다. 그런 모습 때문에 두 번째 일반적 정의의 문제가 생긴다. 우리 사회에 사는 사람들은 얼마나 정의로운가? 모든 일상생활에서 가장 중요한 선택 기준이 무엇인가? 옳고 그름인가, 아니면 이해관계인가? 나에게 이로운가 불리한가를 기준으로 선택하는지, 아니면 옳고 그른지로 선택하는지. 여기에 일반적 정의가 있다.

우리의 기부율은 OECD 국가 중 최하위다. 청소년들에게 설문조사를 해봤더니 44%가 10억 원을 준다면 1년 동안 교도소에 갈 용의가 있다고 답했다. 그런 식이다. 또 다른 것은 어떤가. 부모들이 자녀를 교육할 때 '너 학교에 가서 혹시 친구가 어렵거나 힘들거나 따돌림당하면 외면하지 마라.' 이렇게 가르치나? 대부분의 부모들은 '괜히 남의 일에 끼어들지 말고 공부나 열심히 해라.' 이렇게 말한다. '버스나 지하철에 빈자리가 나면 노약자나 임산부, 장애인이 있는지 보고 그분들께 자리를 양보해드려.' 이렇게 얘기하는 부모들이 얼마나 있을까? 이것은 우리 사회 전반의 문제다. 고위 공직자의 다운계약서, 위장 전입 등 우리 사회는 공정하다고 느껴지지 않는다. 《정의란 무엇인가》를 쓴 마이클 샌델 교수가 설문조사를 실시했더니 대한민국 국민들의 73.8%가 대한민국은 정의롭지 않다고 답했다고 한다. 학교에서도 정의롭지 않고, 사회, 경제 등 모든 부분이 정의롭지 않다고 생각한다. 그렇기 때문에 '나도 굳이 피해 보면서까지 옳은 일을 해서 불이익을 당하고 살 필요 없어.' 이렇게 생각하는 거다.

세 번째는 분배적 정의다. 모두가 자기 몫만큼 가져가는 것이다. 아리스토텔레스는 '기여하고, 공헌한 만큼 가져가라'고 이야기했다. 그런데 그것은 그리스 시민사회의 이야기다. 존 롤즈는 현대 사회에서 분배적 정의를 다시 설명한다. 그는 일단 그 사회에서 가장 약하고 힘없고 불평등한 위치에 있는 사람들에게 먼저 그들에게 필요한 것을 주고, 그 나머지는 능력대로 가져가도록 하는 것을 분배적 정의라고 했다. 그것이 자본주의적 정의고, 민주주의적 정의인 것이다. 그것은 공산주의적 정의가 아니고, 보수주의적 정의다. 그런데 실제로 우리 사회에서 필요한 것들이 먼저 약자들에게 주어지고, 그다음에 나머지를 능력대로 가져가는가? 우리는 그렇지 않다고 생각한다. 실제로도 그렇지 않다. 이게 복지 수준에 관한 이야기다. 장애를 가진 분, 가장 생활과 생계가 곤란한 분, 병을 가지고 있는 환자들, 이들의 문제가 가장 먼저 해결되어야 한다. 그런데 이 세 가지 정의라는 기준에서 봤을 때, 대한민국의 정의 수준은 입에 올리기 겁이 난다. 사실 유럽과 어떻게 비교를 하겠나.

반공은 정의다

구_ 한국은 분단 체제가 성립된 이후 '반공'이 정의였던 시기가 아주 오랫동안 지속되어왔다.

표_ 그렇다. 원론적이고 기본적인 정의를 논할 기회조차 없었다. 일단 공산주의는 불의며 악이었다. 그것도 빨갱이는 절대악이었다. 그 절대악과의 싸움이 계속되고 있는 것이다. 그리고 그런 절대악에 대항하는 게 선이고 정의기 때문에 그 이외의 것들은 일단 논의하지 말자는 분위기였다. 그럼 다른 것들은 무엇으로 판단할까? 중요한 것은 누구에게 이로운가였다. 우리 편에 이로우면 선이고 저쪽 편에 이로우면 악이다. 왜? 나는 선이고 저쪽은 악이기 때문이다. 그러면서 정의를 이야기하면 '야, 네가 얘기하는 게 좀 이상해. 우리 사회에 분열을 가져오는 것 같아. 정권을 약화시키는 것 같아. 안보 체제에 균열을 가져오는 것 같아. 국방력의 약화를 불러오는 것 같아.' 이렇게 이야기한다. 그러면 법 앞의 평등, 분배적 정의, 윤리 도덕에 입각한 정의로운 행동은 뒤처지게 된다. 그런 불합리한 상황들, 분단이 모든 것을 지배하고 장악하는 이 상황은 빨리 해소되어야 한다.

구_ 이것은 앞서 얘기했던 표현의 자유와도 연관된 문제다. 우리는 오랫동안 '진정한 정의'를 이야기하지 못해왔다. 그런 상황이 쌓여서 유럽과 전혀 다른 수준의 정의를 갖게 됐다.

표_ 내가 그런 이야기를 하면 많은 분들이 이렇게 얘기한다. '왜 자꾸 유럽 이야기를 하나. 거기는 분단국가가 아니잖아. 우리는 세계 유일의 분단국이야.' 하지만 유럽만큼 이념의 전쟁터였던 곳이 또 어디 있을까? 유럽이야말로 좌우 대립이 첨예했던 이념의 본산 아닌가? 동유럽과 서유럽 등 동서 간의 극한 대립 상황에서도 유럽은 민주주의를 지켜왔고, 인권을 지켜왔다. 그리고 종전 이후에 일어난 이념에 의한 테러나 전투는 우리 땅에서 일어난 것보다 유럽에서 훨씬 더 많이 일어났다.

영국을 보자. 영국은 이념 문제뿐만 아니라 북아일랜드 사태 등 내부 정체성 문제, 독립 문제, 국경 문제가 상당히 심각한 양상이었다. 런던과 맨체스터 등 가장 핵심적인 도시에서 폭탄이 빵빵 터져나가는 대단히 위험한 상황에 봉착해 있었다. 그럼에도 불구하고 영국에서는 사상과 표현의 자유, 언론의 자유를 계속 보장해왔고, 민주주의를 진척시켜 왔다. IRA의 테러 행위를 찬양하며 어쩔 수 없지 않냐고 이야기하는 것도 그냥 두었다. 그것을 비판하거나 반대만 할 뿐이지, 그런 주장을 하는 사람들을 잡아넣지는 않는다. 그런데 우리는 분단을 얼마나 오랫동안 우려먹고 있나? 북한이라는 잠재적인 위협을 자꾸 실재화시켜서 공포 분위기를 조성하고 민주주의를 억압하는 것은 결국 우리 체제를 병들게 만들고 약화시킨다.

민주주의가 약화될 때, 결국 북한과 점점 닮은 모습이 되어갈 때, 우리는 우리가 모르는 사이에 적화통일을 하고 있는 거다. 그게 싫다면 우리는 민주주의를 꽃피워야 한다. 민주주의를 더 강화시켜서 북한 주민들이 우리를 부러워 미치도록 만들어야 한다. 그래서 더 이상 견뎌내지 못하고 '제발 부탁이니까 우리 좀 살려주십시오. 우리도 변화하고 싶어요.' 하고 얘기하도록 하는 것이 우리가 지향해야 할 통일의 방법이다. 그런데 안보라는 명목으로 우리를 점점 북한의 전체주의적 모습으로 만들고, 인권을 말살하고, 민주주의를 후퇴시킨다는 것은 어불성설이다.

뒤틀린 진보

구_ 왜 한국과 유럽의 정의 수준이 다를까? 그것을 고민하는 과정에서 핵심적으로 생각한 것은 노동운동 영향력의 차이였다. 유럽에서는 보수와 진보의 이념적 토대를 이룬 것이 노동운동이었다. 그 노동운동이 사민당이나 노동당의 가장 중요한 토대가 됐다. 그렇게 해서 보수와 진보가 어느 정도 대응하고 이야기할 수 있는 상황이 만들어졌고, 보수도 동의하는 정의가 구현돼왔다. 하지만 한국은 분단 체제 수립 이후 노동운동을 무조건 불온시해 왔다. 당연히 노동운동의 토대는 굉장히 약했다. 또 표현의 자유가 억압받으면서 정의라는 것을 이야기조차 할 수 없었다. 정권 쪽에서는 반공을 정의라고 계속 주입해왔다. 우리는 너무 뒤늦게 정의를 논의하고 있는 것 아닌가 싶다.

표_ 맞다. 이 땅의 진보는 도대체 누구일까? 무엇일까? 사실은 진보조차도 왜곡되어온 것 같다. 유럽적 시각이나 원론적 시각에서 보면 진보는 다수 프롤레타리아의 지배를 지향한다. 프롤레타리아의 가장 대표적인 계급은 노동자들이다. 그전엔 농민들이었다. 지금은 농민, 노동자, 어민 등 생산직에 종사하는 분들과 아예 취업조차 못하고 있는 미취업자, 이런 분들이 정치적으로 단결하

> **'강남 좌파'라고 말하는
> 조국 교수는 블랙코미디다**

고 정당을 만들어서 자신들의 이념을 구현하고자 노력하는 것이 진보적인 모습일 것이다. 그런데 우리나라의 진보는 지식인들이 장악해왔다. 지식인들이 진보를 대표해왔다.

논란이 있을 수 있지만 '강남 좌파'라고 말하는 조국 교수는 하나의 블랙코미디라고 본다. 그분이 과연 진보의 대표일 수 있을까? 그분이 정말 좌파일까? 나는 그분도 사실은 보수주의자라고 본다. 그분은 헌법을 수호하는 법학자고, 그중에서도 형법학자다. 형법이란 것 자체가 그야말로 자본주의의 가장 최첨단 도구다. 체제를 지키고 연구하는 형법학자다. 형법의 올바른 모습을 지켜내는 분이 무슨 좌파인가. 말이 안 되는 이야기다. 이미 우리 현대사가 왜곡되어왔기 때문에 그렇게 된 것이다. 그분이 보수라고 내세울 수 없는 상황이기 때문이다. 왜 그런가? 보수는 전부 비합리적이고, 비이성적이고, 반공 이데올로기로 똘똘 뭉친 사람들이라고 인식되었기 때문에 보수인 조 교수가 진보로 위장하고 있는 거다.

한국 현대사상사로 봤을 때 민족주의, 항일, 민주주의는 진보의 모습으로 보여진다. 그래서 좀 화가 난다. 보수의 가치를 가져가서 진보라 위장하고 주장한다. '당신들은 당신들의 정체성을 주장해.' 노동자들과 농민이 주인 되는 세상을 내걸고, 다수가 스스로를 규율하고 지배할 수 있는 세상을 만들고, 자유보다 평등의 가치가 더 중요하다고 주장하라는 거다. 그렇게 해서 진보도 제대로 된 모습과 정체성을 갖추어 노동자들과 다수의 국민을 향해 '우리가 당신들을 대변하니까 우리를 지지해주시오.' 이렇게 해야 한다. 그 과정에는 나처럼 '당신들 못 믿겠어. 혁명을 해도 우리가 더 힘들고 고단해질 것 같아.' 하고 말하는 사람들이 생길 것이다. 다수의 자신들을 대변한다고 무조건 지지해주지는 않는 것이 보수 심리다. 그렇게 되는 순간, 진보도 순화될 거다. 더 이상 급진 혁명을 추구할 수 없게 된다. 그러면 진보적 가치를 내세우면서도 어떻게 현실적으로 조금 더 진보적인 세상으로 바꿀 수 있을까를 생각할 것이다.

건전한 보수가 존재한다면 경쟁을 할 수 있을 것이다. 현재 상태를 유지하면서 천천히 꼭 필요한 것만 바꿔나가자는 보수적 진영과의 경쟁에서 진보가 이길 수도 있다. '지금 당신들 그럴 때야? 지금은 평등이 보장되지 않고, 좀 더 빠르고 강한 변화가 필요해.' 이런 진보적 목소리가 힘을 얻으면 진보 정당이 집권하는 거다. 하지만 진보가 집권해도 나라가 뒤집어지지 않고, 절단 나지 않으며, 부자들도 빼앗기지 않을 거라는 안정감을 주는 진보 운동이 되어야 한다. 그렇게 될 때 보수와 진보의 양 날개가 균형을 이뤄 대한민국이 앞으로 멋지게 날아갈 수 있다. 지금은 날개가 없다. 날개가 꺾였다. 날개가 아닌 이상한 꼬챙이 같은 게 나와서 아주 기이한 행동을 하며 제자리에서 맴맴 돌고 있는 아주 괴이한 모습이 한국의 현재 상황이다.

구_ 한국 사회는 보수와 진보가 굉장히 많이 뒤틀려 있다. 그래서 한홍구 성공회대 교수는 문익환 목사나 장준하 같은 사람이 한국의 진정한 보수주의자였다고 평가했다. 그런데 한국 사회에서는 그들에게 좌파 빨갱이라는 딱지를 붙인다.

표_ 내게 좌파, 빨갱이라는 낙인을 찍는 순간 알아버렸다. 아, 바로 이것이었구나. 장준하 선생이나 최종길 교수, 민주 열사로 일컬어지는 분들이 이런 과정을 거쳤구나. 그분들의 생애나 생각을 들여다보면 절대로 좌파가 아니다. 정권을 비판하고, 기득권 세력의 부정과 불법, 타락을 비판만 하면 그냥 자동적으로 좌파가 되어버리는 현상이 계속되어왔다. 그러다 보니 보수와 진보가 너무나 뒤틀리고, 혼재돼 있다. 보수가 진보가 되고, 진보적 생각을 갖고 있는 분이 새누리당에 가서 국회의원을 하고 있다. 이게 도대체 뭔가.

구_ 언술 수준에서도 희비극적 상황이 있다. 전혀 민주적이지 않고 공화적이지 않고 정의롭지 않은 세력들이 항상 자기 정당 이름에 '민주'니 '공화'니 '정의'니 하는 말을 사용한다. 민주공화당, 민주정의당이 대표적이다. 한국에서는 그렇지 않는 사람들이 민주적이려 하고, 공화적이려 하고, 정의적이려 하는 아이러니가 벌어지고 있다. 이것은 한국 사회에서 뒤틀린 보수와 진보, 또는 뒤틀린 정의 담론의 지점을 보여준다.

표_ 그렇다.

구_ 노무현 전 대통령은 '한국 현대사는 정의가 패배하고 기회주의자가 득세한 역사'라고 말했는데, 이 말에 동의하나?

표_ 내 마음과 똑같다고 할 수 없지만 동의할 여지가 많다. 나도 그렇지 않다는 것을 보여주기 위해 나온 거니까. 정의를 위해 용기 있게 나서도 결코 지지 않는다는 것을 보여주고 싶다. 오히려 그런 패배주의, 즉 '대한민국은 안 돼. 기회주의만이 살고 정의는 진다.' 이건 싫다. 비록 그런 면이 과거에 많긴 했지만, 그렇다고 해서 대한민국이 그렇다고 인정하고 싶지는 않다. 우리가 침묵해서 그럴 뿐이지 정말 정의를 위해서 노력한다면, 한 사람이 최선을 다해서 노력하고, 거기에 또 한 사람이 인정해주고 격려해주고 동조해주고, 그렇게 나아간다면 우리도 결국 이 땅에 정의를 구현하게 될 것이다.

지금은 그것을 해나가는 과정이다. 나도 지금 그 방향을 향해 모든 것을 던지고 나섰다. 결국 지금 작긴 하지만 정의가 조금씩 구현되고 있다. 노 전 대통령이 말한 것은 공감한다. 하지만 그랬던 것은 과거다. 노 전 대통령도 대선에서 승리하지 않았나. 그것이 정의의 승리 아니었나. 나도 지금 작은 승리를 만들어가고 있다. 그렇기 때문에 우리가 패배주의를 가질 필요는 없다. 대한민국 사회에서 정의를 구현할 수 있다. 그 과정이 조금 천천히 올 수는 있다. 시간이 걸리고 조금 더 힘들 수는 있다. 하지만 '대한민국은 안 돼. 여기 정의는 없어.' 이런 소리는 하지 말자. 그게 내 생각이다.

우리 시대 대한민국의 정의

구_ 앞서 '세 가지 차원의 정의'를 얘기했다. 그렇다면 지금 여기, 한국에서 정의는 무엇이어야 하나?

표_ 진실과 화해라고 생각한다. 며칠 전 기독교회관 강의 때 참 슬픈 일이 있었다. 내가 국정원 사건 강연을 한 뒤 질문 시간에 이런 얘기를 들었다. '왜 박정희 대통령을 존경한다고 하느냐. 그는 악의 화신이다. 다카키 마사오로 개명한 친일이고, 원조 빨갱이다.' 그러면서 내게 그런 의견을 바꾸라고 요구하더라. 그래서 이렇게 답해주었다. '당신의 의견을 존중합니다. 하지만 제 의견도 있다는 것을 인정해주시기 바랍니다. 박정희 대통령이 정말 순수악일까요? 그분은 오로지 악을 실행하기만 한 걸까요? 그분의 마음속에는 정말 대통령으로서 국민을 잘 살게 하겠다는 마음이 전혀 없었던 것일까요? 그리고 정의는 무엇일까요? 그분을 그렇게 순수악으로 몰아붙이고 '우리가 승리하면 너는 절단 날 거야.' 이런 태도로 정의가 구현될까요?' 그렇게 반문했다.

그러면서 '저를 지지하고, 격려하고, 응원해주신 것은 아주 감사하지만, 만약에 여러분들이 원하는 대로 제가 행동하기를 강요하고 저를 도구와 수단으로써 지지하고 응원해준 거라면 저는 사양합니다. 저를 미워해도 좋고 싫어해도 좋지만, 저는 제가 옳다는 것을 이야기할 것입니다.' 이렇게 말씀드렸다. 그러자 그분들이 '당신의 의견을 존중한다. 절대로 우리 말 따르지 않는다고 당신을 미워하는 것은 아니다.' 이렇게 답해주었다. 그래서 내가 의견은 다르지만 이해하자고 했다. 쌍용차, 용산 참사, 4대강, BBK 등에서 불의한 자가 누구인지를 확정하고, 그것들의 잘못을 완전하게 규명하고, 그에 따라 단죄를 내리는 것이 맞다. 하지만 그게 실질적이고 현실적인 정의를 구현하는 것일까? 그 부분에서는 회의를 가지고 있다. 그래서 내가 보수주의자라고 얘기하는 거다.

원칙을 지키되 이해와 배려를 갖고, 안정적이면서도 결과적으로 진실이 드러나도록 하고, 가장 약하고 힘없는 분들에게 먼저 필요한 것을 드릴 수 있는 바람직한 방법이 정의라고 본다. 그래서 한국에서 필요한 정의가 '진실과 화해'라는 것이다. 일단 진실을 밝히고 진실을 드러내고 솔직하게 인정하고 사죄하자는 것, 이것이 제일 중요한 정의다. 그다음에 그 진정성을 접한 피해자들이 '이렇게 늦게라도 솔직하게 인정하고 나서니 내가 용서해주마. 너희들이 현재 가지고 있는 거 다 가져라. 인정해줄게. 앞으로는 절대 그러지 마라. 앞으로는 절대 이런 일이 있지 않도록 역사에 올바르게 기록하자.' 하는 것이 정의다. 그런 정의를 구현하기 위해 보수, 진보 양쪽을 설득해나가고 싶다.

구_ 진실은 드러내되 화해할 수 있어야 한다. 이것이 한국 사회의 정의라고 생각하는 것인가?

표_ 그렇다.

> **한국에서 필요한 정의는
> '진실과 화해'다**

구_ 그렇다면 한국 사회에서 가장 시급한 정의의 과제는 무엇인가?

표_ 2012년 대통령 선거 과정에서 도대체 어떤 불법적 행위와 반칙이 있었는지를 밝혀내는 것이 가장 급한 과제다. 국정원 사건을 비롯해서 십알단, 그리고 종북 좌빨론을 퍼뜨린 메커니즘, 운영 주체, 자금, 조직, 지시 등을 밝혀내는 것이 한국 사회에서 정의를 시작할 수 있는 출발점이다.

구_ '인간은 정의 없이 살 수 없다'고 했는데, 어떤 의미에서 그런가?

표_ 인간의 정체성이다. 강의 때 수백 명 청중에게 물어봤다. '여러분 중에 본인이 정의롭고 싶지 않다고 생각하는 분, 손 들어 보십시오.' 단 한 명도 손을 들지 않는다. 어딜 가도 마찬가지다.

그다음에 내가 부연해서 설명했다. 세상이 밉고, 불이익당하고, 무시당하고, 냉대당하고, 험하고 슬프게 상처받아서 일부러 '나는 법을 어기고 거꾸로 살 거야.' 이렇게 스스로 마음먹는 사람들이 있다. 그래서 일부러 범죄를 저지른다. '나는 악을 저지를 거야. 나는 사람을 가능한 많이 죽일 거야.' 하는 사람들도 분명 있다. 하지만 그들에게도 여전히 자기들도 정의롭고 싶다는 마음이 있다. 그렇기 때문에 인간은 정의 없이 살 수 없다. 연쇄살인범 유영철도, 강호순도, 지존파도, 고개 빳빳이 들고 나오는 이유는 그게 자기들한테는 정의라고 생각하기 때문이다. 자기는 배운 것도 없고, 가진 것도 없고, 범죄밖에 할 게 없는데 자기가 생각할 때 세상이 좆같은 거다. 세상이 자기한테 맨날 불리하기만 하고, 가진 놈들은 저희들끼리 잘 살고. 자기가 할 수 있는 게 뭘까 생각하다 보니까 가진 자, 부자에게 '내가 가진 정의를 구현하겠어.' 하는 거다.

모든 사람들은 남들로부터 정의로운 사람이라는 평가를 받고 싶어 한다. 누구나 그렇기 때문에 정의가 무엇인지를 진지하게 서로 이야기할 수 있는 기회만 주면 이 세상은 정의로울 수밖에 없다. 그런데 그게 안 되니까 각자 나름의 정의를 가지고 사는 거다. 반공을 정의라 이야기하고, 안보를 정의라 이야기하고, 호남-영남 등 우리 지역과 가족의 발전과 이익을 정의라 이야기하는 '정의 천차만별 시대'를 살고 있는 거다. 그래서 언론의 자유, 표현의 자유를 통해 형성된 자유로운 담론으로 많은 이야기를 주고받음으로써 그런 합리화, 그런 거짓, 허위 정의를 다 걷어내버려야 한다.

우리 모두가 공감할 수 있는 일반적이고 객관적인 정의로부터 출발해서 지금 이 사회에서 무엇이 정의고 무엇이 정의에 반대되는지, 누가, 무엇이 정의를 가리고 있으며 정의를 왜곡시키는지를 논의해야 한다. 이것만 합리적이고 차분하게 들어가도 엄청나게 많은 문제가 해결된다. 그래서 정의에 관한 담론을 만들어나가기 위

❝ 정권을 비판하고, 기득권 세력의 부정과 불법, 타락을 비판만 하면 그냥 자동적으로 좌파가 되어버리는 현상이 계속되어왔다. 그러다 보니 보수와 진보가 너무나 뒤틀리고, 혼재돼 있다. 보수가 진보가 되고, 진보적 생각을 갖고 있는 분이 새누리당에 가서 국회의원을 하고 있다. 이게 도대체 뭔가. ❞

해 강의를 한다. 하나씩 우리 사회의 정의에 관한 이슈를 드러내려 하고 있다. 그러다 보면 보수, 진보라는 이념적인 편 가름, 영호남이라는 지역적 편 가름, 세대 간 갈등이라는 연령별 편 가름도 무너질 것이다.

구_ 국가를 통해 정의가 구현될 수 있다고 생각하나?
표_ 그렇다. 그러니까 나는 보수주의자다.

구_ 진보 쪽에서는 대체로 국가를 통해서는 정의가 구현되기 어렵다고 본다.
표_ 그렇게 당연히 갈리는 거다. 나는 진보주의자가 아니다. (웃음) 어쨌든 절대적인 권력이 허용되는 왕권을 타파하되 민주적인 국가를 만들자는 게 보수주의며 공화적 민주주의다. 국가적 정체가 없는 무정부주의적 상황에서, 모두가 동등한 상황에서, 진정한 정의가 구현될 수 있을까? 나는 거기에 회의적이다. 어쨌든 국가라는 단위, 그 안에서의 권력적인 통제, 엘리트들에 의한 입법과 행정, 사법이라는 국가 기본 기능의 유지, 그리고 창의적인 경제활동가들의 능력을 통해서 부가가치를 창출하고 기술혁신을 이루고, 그에 따른 영광과 이익을 가져가야 한다. 그러면서도 그 사회의 민중들, 노동자들, 약한 분들, 병든 분들은 창의적인 엘리트들의 노력에 의해 형성된 가치를 나눠가지는 복지가 이루어져야 한다. 그래서 나는 보수주의자다.

구_ 플라톤적인 철인정치를 통한 정의의 구현이 가능하다고 보는 건가?

표_ 아니다. 철인보다는 민주적 절차가 그렇게 만든다고 본다. 언론의 자유, 표현의 자유가 보장되고 모두에게 참정권이 (평등하게) 주어져서 제한 없이, 제약 없이, 독재가 스며들 여지 없이 민주적인 국가·정치체제가 운영된다면, 그 안에서 꼭 철인은 아니지만 적합한 인물들이 정치를 하게 되고, 경제를 운영하게 되고, 각자가 가진 소질과 능력에 따라 적재적소에서 능력을 발휘하는 상황이 된다고 본다.

구_ 그럼 말을 좀 바꿔보자. 결국은 민주적 엘리트에 의한 정의 구현이 가능하다고 보는 건가?

표_ 그렇다. 하지만 그들이 '엘리트만 할 수 있다'는 엘리트주의에 빠지는 순간 스스로의 정당성은 소멸돼버리기 때문에 진보의 비판이 있어야 한다. '너희들의 엘리트 우월주의 때문에 아집에 빠지고, 결국은 불합리와 부패를 만들어내는 거야.' 이렇게 진보에서 맹렬하게 비판해줘야 한다. 반대로 진보도 보수로부터 '너희들은 모두가 평등하다며 왜 지도자가 나서서 패권을 휘두르냐.' 이런 비판을 받아야 한다. 나는 어떤 것도 완벽하다고 생각하지 않는다.

그래서 어떤 한 체제나 세력이 '너희는 필요 없어.' 하는 순간 스스로의 정당성을 상실하는 거다. 엘리트 중심의 보수적인 이념과 정치체제도 위험에 빠질 수 있는 환경이 많다. 그러니까 그 안티테제로서의 진보가 있어줘야만 체제가 건강하게 유지된다.

정의는 어떻게 구현되는가

구_ 국민이 정의를 판단할 수 있는 통로가 막혔다고 이야기했다. 표현의 자유가 침해 혹은 후퇴하는 것을 염두에 둔 이야기인가?

표_ 그렇다. 무엇이 정의인지, 무엇이 정의에 반하는 것인지, 무엇이 진실인지, 무엇이 허위인지 국민이 판단할 수 있어야 한다. 그러기 위해서는 정보가 제공되어야 한다. 그래야 표현의 자유가 실질적으로 보장되는 것 아니겠나. 알 권리라는 게 있어야 표현의 자유가 있는 것이다. 그런데 그러한 정보가 제대로 제공되는 것을 막는다면 국민들은 결과적으로 정의가 무엇이고 진실이 무엇인지 알 기회를 박탈당하게 될 것이다. 고소 행위를 통해서 입을 막겠다고? 내가 국정원 사건에 대해 제일 많이 떠들고 있다. 내 입만 막아버리면 국정원 사건에 의혹을 제기하는 목소리가 다 없어지는가? 내가 정의라는 게 아니라 나와 같은 목소리가 있고, 그와 반대되는 목소리도 있고, 그런 목소리들이 많이 나오면 국민들이 보고 판단할 수 있다. 이렇게 해야 하는데 표현의 자유가 억압되는 순간 정의가 드러날 수 있는 통로가 막히는 것이다.

구_ 한국 사회에서 정의가 충만해지기 위해서는 어떤 대안이 필요하다고 보나?

표_ 가장 중요한 것은 언론의 자유, 표현의 자유를 제한 없이 보장하는 것이다. 그로 인해 실질적인 피해가 발생했을 때는 당연히 피해자가 구제받을 수 있는 법적인 절차와 조치를 갖추어야 한다. 그리고 정의를 탐구할 수 있는 절차가 보장되어야 한다. 만일 적법한 절차를 위반했다면 어떤 형태로든 제재와 처벌이 뒤따라야 하는 게 정의다. 정의를 어겼는데 그냥 '너는 정의롭지 않아.' 이렇게만 끝나면 그건 정의가 아니다. 그냥 윤리나 도덕일 뿐이다. 그렇기 때문에 정의는 대단히 엄격하고 엄중하다. 그러니까 정의롭지 않은 분들은 결사적으로 언론의 자유와 표현의 자유를 막는다. 정의가 밝혀지고 드러나는 순간, 정의롭지 않은 행동을 하는 사람은 처벌을 받게 되어 있으니까.

우리는 그러한 정의가 밝혀지는 것을 두려워하는 자들이 사력을 다해 막으려는 행동을 와해시킬 수 있는 절차를 갖추어야 한다. 그것의 가장 핵심이 사법 작용이고, 수사 행정이다. 경찰, 검찰, 법원의 정치적 중립성과 독립성, 그 기관들을 구성하는 사람들의 정의에 대한 용맹한 태도와 가치관, 신념, 직업정신이 대단히 필요하고 중요하다. 그래서 스스로 그러한 처지에서 정의를 지탱해나가고, 누구보다 뒤처지지 않는 용맹성과 신뢰를 가지고 있어야 할 사람으로서 정의롭지 않을 수 있는 의혹에 침묵한다는 것은 견딜 수 없었다.

경찰, 검찰 등을 흔히 사정 기관이라고 한다. 나는 그 표현을 좋아하지 않는다. 그냥 '정의수호기관'이라 부르고 싶다. 정의수호기관의 정치적 중립성과 독립성은 정말 어떤 것에도 뒤처지지 않는 중요성을 갖고 있다. 권력이 그 기관들을 장악하겠다는 생각부터 버려야 하고, 그러한 시도를 절대로 용납해서는 안 된다. 국정원 사건은 대단히 엄중한 사건이다. 서울경찰청장이든 국가정보원장이든 만약에 그들이 정말 개인의 정치적 판단과 이익 때문에 그러한 정의수호기관을 왜곡시켰다면 그들은 절대 용서받을 수 없다. 지금 출범한 박근혜 대통령이 스스로 보수 정권이라고 생각한다면, 어떤 일이 있더라도, 권력 내부에서 정의에 반하는 행동이 있다면 스스로 이 정의수호기관의 수사를 받고 처벌받는 모습을 국민 앞에 보여주겠다는 각오를 해야 한다.

구_ 정치, 혹은 정당정치를 통해서 정의가 구현될 수 있다고 보나?
표_ 그렇다. 정당정치만 제대로 확립되면 서로를 견제하게 되고, 그럼 한 정치 세력이 모든 것을 장악할 수 없게 된다. 권력기관장 인사청문회 제도가 확립돼 있지 않나? 그 청문회 제도가 좀 더 확고해지려면 청문회에서 바로 부적격자를 낙마시킬 수 있어야 한다. 거기까지 발전해야 한다. 어쨌든 이런 정당정치만 제대로 확고하게 자리 잡혀 서로 견제하고 균형을 맞춘다면 함부로 권력

> **누가 정권을 잡든지 정의가 훼손되지 않는 시스템을 만드는 게 중요하다**

자가 사법, 수사 행정을 모두 장악하지 못하고 좌지우지하지 못하게 될 것이다. 그러한 경찰, 검찰, 법원의 의사결정이 정치에 영향을 받게 될 경우 다른 정당에 의한 감시와 비판을 견뎌내지 못하는 상황이 될 것이다.

구_ 정치를 통해 정의가 구현되기 위해서는 누가, 어떤 세력이 정권을 잡느냐도 굉장히 중요해 보인다.

표_ 글쎄다. 그것보다 중요한 것은 누가 정권을 잡든지 정의가 훼손되지 않을 수 있는 시스템을 만드는 것이다. 선거가 투명하고, 불법이 용인되지 않고 공정 경쟁이 이루어진다면 누가 정권을 잡아도 괜찮다. 좀 보수적이고, 좀 진보적이고, 그런 차이만 있을 뿐이다. 어느 누가 권력을 잡았다고 해도 마음대로 하지 못한다. 왜 그런가? 투명하고 절차적 정의가 확보된 정치 시스템을 갖춘다면 불법, 비리, 권력 남용을 국민들이 심판할 것이기 때문이다. 때문에 누가 정권을 잡느냐는 중요하지 않다고 본다. 그것보다는 선거운동과 선거 과정에 권력이 개입할 수 없도록 권력기관들이 정치적 중립성을 유지할 수 있는 시스템을 만들어주면 된다. 그러면 누가 당선된들 함부로 못한다.

구_ '제도'(정당정치, 대의민주제)와 '현장'(거리 정치, 직접민주제) 중 어느 쪽이 정의를 더 충만하게 구현하는 방법이라고 생각하나?

표_ 제대로만 된다면 대의정치라고 본다. 그런데 그게 참 모순이다. 거리 정치를 행하는 분들은 시민들이고 민중들이다. 대의정치를 실제로 만들어가는 분들도 시민들이고 민중들이다. 거리에 나오기 전에 자신들의 대표를 잘 뽑았어야 했다. 그런데 뽑을 때 잘못 뽑아놓고는 거리에 뛰쳐나와서 '그들은 내 대표자가 아냐. 내가 직접 하겠어.' 이렇게 말한다. 이 모순을 빨리 해결해야 한다. 그래서 대의정치가 제자리를 잡을 수 있도록 하는 시민정치교육이 대단히 중요하다. 대의정치 절차에 따라 투표하고, 그다음에 옳고 그름이나 이해관계 때문에 거리로 나온다. 신공항 건설을 예로 들면 '이 후보가 우리에게 해줄 거 같으니까 뽑아라.' 그래서 기대를 갖고 뽑아줬는데, 자기들한테 유리하게 안 해준다고 거리로 뛰쳐나온다. 이런 모순적인 상황들은 결국 거리 정치가 좋은가, 대의정치가 더 좋은가 하는 문제가 아님을 보여준다.

현대 대의정치제도는 그리스와 같은 도시국가적인 상황이 아니다. 거대한 현대 국가적 체제에서 직접민주주의를 할 수 없으니까 차선책으로 우리가 선택한 것이 대의민주주의다. 그래서 이것이 제대로 이행되도록 시도하고 나서 그 한계를 보완하기 위해 직접민주정치의 시스템들을 가미하는 게 옳다. 대의민주정치가 아직까지 우리 사회에서는 제대로 뿌리내리지 못했다. 이제 조금씩 나아지고 있다. 풀뿌리민주주의, 각 정당이 지역에서 벌이는 정치 활동, 청년 지도자 양성 등은 아직 없다. 각 정당별로 청년들이 연설, 토론, 설득 능력 등을 검증받아서 지도자가 되고, 기초 자치단체 의원, 단체장, 광역 자치단체장으로 성장하는 대의민주주의를 아직 맛보지 못했다. 그랬는데 이런 제도 자체가 잘못됐으니까 직접민주주의로 가자고 하는 것은 적절하지 않다.

정의가 필요한 시간

구_ 한국 사회는 여전히 정의가 필요한 사회라고 생각하나?

표_ 그렇다. 먹고 살기 어렵고 힘들었던 시절에는 정의 이야기를 하기 힘들다. 일단 먹고 살아야 할 것 아니냐고 한다. 그 앞에는 어떤 논리도 통하지 않는다. 그런데 지금은 정의를 얘기할 수 있는 때가 되었다. 내가 존경하고 고마워하는 박정희 전 대통령의 존재 자체를 부정하고 악으로 보고 싶어 하는 시각이 있다는 것을 분명히 안다. 하지만 인정할 것은 인정하자. 그 부분이 역사에서 진보와 보수 간에 화합이 필요한 지점이다. 진보는 박정희를 건드려서 어떤 결과가 나타났는지 봐야 한다. 51.6%가 똘똘 뭉쳤다.

지금 내가 잡혀가지 않고, 죽지 않고, 하고 싶은 얘기를 막 떠드는 그 이면에는 민주화를 이뤄내기 위해서 목숨을 바친 민주 열사들이 있지만, 다른 한쪽에는 먹고 사는 문제를 해결했던 산업화의 역군들도 있다. 이 둘을 모두 끌어안고 가고 싶다. 그리고 이 둘을 좀 화해시키고 싶다. 서로에게 빚진 게 있고, 서로가 인정해줄 게 있다고 보고 시작하자. 그러고 나서 정말 용서할 수 없는, 잘못된 정의의 관점에서 단죄해야 할 부분들은 단죄하자. 그렇게 했을 때 우리가 정말 통합과 화합을 이루고 공정한 경쟁으로 갈 수 있다.

구_ 〈레미제라블〉의 자베르가 많을수록 정의가 빨리 충만될까, 아니면 표 교수처럼 인간화된 자베르가 많아야, 그러니까 자베르가 좀 인간적으로 진화해야 정의가 좀 더 빨리 충만해질까?

표_ 대단히 어려운 질문이다. 일단 법 집행의 영역, 형사 사법의 영역에서는 다수의 자베르가 필요하다. 하지만 그 위의 영역, 정치의 영역 내지는 의사결정 단계에서 법 집행을 하는 고위 관료들은 진화된 모습이어야 한다. 일선에서 일하는 경찰관들은 좌고우면하고 복잡한 생각을 할 필요가 없다는 거다. 법과 원칙, 규칙, 지시에 따라서 자베르처럼 어떤 압력이나 유혹에도 흔들리지 않고 자기의 역할을 하면 된다. 그런데 그에게 내려지는 지시, 그들이 일하기 위해 따라야 할 규칙, 법, 이건 잘 만들어야 한다.

법과 규칙, 제도가 단순 무식하게 만들어져서는 안 된다. 대단히 복잡하면서 철학적이고 역사적인 것도 담아야 하고, 시대정신도 담아서 만들어야 하고, 정책도 입안되어야 한다. 지시와 명령이 많은 숙고와 고민 속에서 나와야 일선에서 법을 집행하는 수많은 자베르들은 고민하고 걱정할 필요 없이 자기의 단순한 정의감만을 가지고 임무를 수행해도 그것이 궁극적인 '메타저스티스'에(정의의 범위나 경계를 아우르는 것에) 부합할 수 있다고 생각한다.

구_ '한국에서 정의란 무엇인가'를 내걸고 전국 강연을 준비하는 걸로 안다.

표_ 마이클 샌델의 ≪정의란 무엇인가≫를 읽었다. 그 책이 쉽지 않고 재미있지도 않은데 한국에서 베스트셀러가 되는 현상이 상당히 놀라웠다. 그러면서 이 책을 사간 사람들이 이 책을 정말 끝까지 다 읽었을지 의문이 들었다. 그래서 기회가 될 때마다 슬쩍슬쩍 물어보고 알아봤다. 그런데 읽었다는 사람을 찾기가 참 어려웠다. 엄청난 부수가 팔려나갔는데 말이다. 그러면서 관심을 갖게 됐고, 경찰대에서 마이클 샌델의 책을 부교재로 쓰면서 학생들에게 읽으라고 했다. 그리고 책에 나오는 철학사조 간의 논쟁, 이런 부분들을 학생들에게 제시하면서 토론도 해봤다.

그때는 내가 이렇게 대중과 만나리라는 생각은 하지 못했다. 우리 경찰관들이 가져야 할 자베르적인, 즉 현장적이고 단순화된 처벌적 정의가 아니라 조금 더 숙고하고 심사하는 시각에서의 정의감을 가졌으면 좋겠다고 생각해 부교재로 사용한 것이다. 양자가 서로를 적으로 보는 전쟁적, 냉전적인 상태에서 또 다음 선거를 치를 수는 없다. 지금 내게 주어진 5년의 시간은 우리 국민들의 냉전 심리를 와해시키고 조금 더 합리적이고 이성적으로 생각하게 할 기회다.

그동안 외면하고 회피했던 복잡한 사안들을 좀 쉽게 들여다볼 수 있는 고민과 논쟁을 계속 해나가다 보면 다음 선거 때는 지금 같은 비극적인 양강 구도, 이기고 지면서 극명하게 희비극이 갈리는 게 아니라 승자에게 박수를 충분히 쳐줄 수 있는 공정한 경쟁이 되겠다고 생각했다. 그런 점에서 가장 좋은 테마가 정의였다. 보편적이고 내가 제일 좋아하고 제일 자신 있는 주제여서 그걸로 우리 국민들과 만나보자고 한 것이다. 그러다 보면 그렇게 불합리하고 단단한 방어 심리의 껍질을 깰 수 있지 않을까?

깨어 있는 시민

구_ 지난 28개월 동안 무료로 범죄학 강의를 해왔는데, 갑자기 정의로 주제를 바꾼 것은 대선 결과도 영향을 미친 건가?

표_ 당연하다. 내 역할이 확대되었다고 본다. 바뀐 게 아니라 내 역할의 확대라고 봐달라. 내가 진행한 범죄학 강의 콘서트도 정의에 관한 것이다. 범죄를 테마로 했지만 '과연 우리 사회에서 범죄 현상을 어떻게 봐야 할 것인가?' 좌우 범죄학의 주장들을 같이 살펴봤다. 그러면서 '처벌이 능사일까?' 이런 민감한 주제도 던졌다. 그래서 다른 대안적인 방안들도 얘기했다. 연쇄살인범, 묻지마 살인범 등 우리가 가장 미워할 수 있고, 아무 불편함 없이 그냥 돌을 던질 수 있는 사건들도 꺼내서 얘기를 나눴다. 그렇게 시민들에게 많은 생각거리를 던져왔다. 범죄라는 좁은 영역에서 정의를 보던 것을 좀 크게 확대해서 보자는 것이다.

정의의 관점에서 보면 전두환·노태우 전 대통령도 범죄자다. 하지만 일반적인 범죄학 테두리에서 이런 얘기를 잘 안 한다. 이명박 정권이 5년 동안 했던 것에 잘못이 있다면 그것도 일탈과 범죄 영역에서 다룰 수 있다. 그러니까 정의와 범죄의 영역이 그렇게 먼 것이 아니다.

〝 나는 백마 타고 온 초인이 아니다 〟

구_ '정의' 순회강연의 목적 중 하나가 '깨어 있는 시민'을 만들기 위한 것인데, 어떻게 그런 시민을 만들 수 있나?

표_ 내가 생각하는 '깨어 있는 시민'을 가장 단순한 개념으로 설명하면 이렇다. 자기가 소속된 집단의 이익, 그러한 지역적이거나 이념적 한계 속에서 주입됐던 선입견을 깨뜨리고, 정말 보편적이고 객관적으로 옳은 것이 무엇인가를 볼 수 있는 시민이다. 또 자기와 다른 처지, 지역, 이념 등에 속해 있는 사람들, 그 사람들의 처지가 한번 되어서 그들의 주장이 무엇인지를 살펴볼 수 있는 시민, 그것이 내가 생각하는 깨어 있는 시민이다. 그냥 동물처럼, 기계처럼, 그냥 프로그래밍 된 대로, 혹은 본능대로 반응하고 살아가는 모습이 아니라 한 번 비판해보고, 따져보고, '왜?'라는 질문을 던져보고, 그리고 진정으로 옳은 것이 무엇인지를 고민해보고, 지금까지 해오던 관행을 바꿀 수 있고, 나쁜 것을 고칠 수 있고, 새로운 변화에 적응할 수 있는, 그런 시민들이 된다면 지금 우리가 겪고 있는 분열과 비합리적으로 투쟁적인 상황을 극복할 수 있을 거라는 생각이 든다. 그래서 강의를 통해 그런 주제들, 도전적이고 비판적이고 생각해볼 수 있는 여지들을 자꾸 던져주고 싶다.

구_ 시민들이 깨어 있다고만 해서 사회가 변할 것인가? 깨어 있는 것이 행동으로 이어져야 하는 것 아닌가? 그런 시각이 있을 수 있다. 동양에서 얘기하는 '지행일치(知行一致)'가 되어야 한다는 지적이다.

표_ 내가 할 수 있는 일에도 한계가 있다. 내가 모든 걸 다할 수는 없다. 나는 백마 타고 온 초인이 아니다. 그렇게 분명히 확신한다. 내가 직접 행동을 이끌어내고 변화를 이끌어내는 것은 아니라고 생각한다. 그리고 그것까지 욕심낼 경우 내가 해야 할 역할, 할 수 있는 역할마저도 제대로 안 될 수 있다고 본다. 나는 그냥 시민들과 함께 그러한 편견 없이 나를 바라보도록, 어떤 편에 속해 있지 않은 상태에서 이야기를 한 번 나누면서 두려움 없이 살짝살짝, 자기가 있는 곳에서 한발 한발 밖으로 나오도록 안내하고 도와주는 역할이 내 임무라고 생각한다.

구_ 본인의 역할을 '계몽적 지식인'으로 한정하는 것인가? 먼저 깨달은 지식인으로서 시민들이 깨어날 수 있도록 해보겠다는 것인가?

표_ 그렇다. 지식인이라는 표현 때문이거나 먼저 깨달았기 때문이라기보다는 내가 가진 특수성 때문이 아닌가 한다. 나는 경상도에서 태어나고, 반공적인 환경에서 자랐고, 경찰이라는 특수 영역에서 오랫동안 있었지만 내가 가졌던 모든 한계를 깨뜨려볼 수 있는 그런 도전을 많이 받았다. 또 그 도전을 외면하지 않았고, 거기에 같이 참여하고 대응해서 나름대로는 반대편에 있는 사람들의 생각까지 들어보고, 그래서 어떤 일반적이고 보편적인 정의나 옳은 것에 대한 추구와 고민을 하게 되었다. 그래서 호남 사람을 아내로 맞아 가족을 이뤘고, 어떤 이념적 편견으로부터 탈출했고, 종교마저도 스스로 극복했다. 그래서 그런 경험들을 좀 나눠보고 싶다. 그렇게 하다 보니까 어느 한쪽에 속해서 '반대를 무조건 이겨야겠다. 저 사람 다 틀렸다. 우리만이 옳다.' 이렇게 생각하고 우리와 그들의 대결 구도를 형성하며 살아온 시절이 있었다는 것을 깨닫게 되었다. 그 시절에 힘들고, 어렵고, 잘 깨닫지 못했지만 편협했고, 많은 좋은 분들을 제대로 보지 못했고, 이런 것이 너무나 아쉽다 보니까 다른 분들께도 그런 경험을 공유하게 해드리고 싶은 거다.

구_ 깨어 있는 시민을 만든 뒤의 목표는 무엇인가?

표_ 글쎄. 그냥 그 과정이 계속되는 것 아닐까? 내가 몇 년 동안 돌아다니면서 강연한다고 다수 국민이 갑자기 다 깨어 있는 시민으로 바뀌지는 않을 것 아닌가. 그래도 계속 그 작업을 할 거다. 결코 용납하고 싶지 않은 반칙과 불법이 통용되는 상황이 있다면 깨어 있는 시민들로 바뀐 분들과 함께 잘못되었다고 외치고, 그런 잘못이 용인되지 않도록 목소리를 내겠다. 그런 부분까지를 행동으로 봐주면 좋겠다.

구_ 당분간은 축적된 경험을 시민들과 공유하는 작업을 하겠다는 것인가?

표_ 그렇다.

구_ '깨어 있는 시민'이라는 용어도 그렇고, '반칙과 불법을 용납해서는 안 된다. 정의는 반드시 온다.' 이런 이야기를 듣고 있노라면 노무현 전 대통령이 연상된다.

표_ 그런 말씀을 하는 분들이 꽤 있다. 나는 노무현 전 대통령을 많이 알지는 못한다. 그냥 그분이 보여줬던 서민적 이미지, 탈 권위, 민주주의를 향한 열망 정도 외에는 잘 모른다. 그런데 우연하게도 내가 추구하는 가치나 하는 말 중에 그분이 했던 말씀과 유사한 것들이 있다는 것을 발견했다. 그것은 그분이 걸어온 길에서 겪은 고민들과 내 고민 사이에 유사점이 있었기 때문이 아닐까 싶다. 그것은 꼭 그분과 나 사이에서만이 아니라, 그런 유사한 과정을 거쳐온 많은 분들이 공감하는 것이다. 그래서 내 이야기의 일부가 노무현 전 대통령의 말씀을 연상시키듯, 내가 하고 있는 이야기들이 자기가 하고 싶은 말이었다고 얘기하는 분들이 꽤 많다. 이것은 누구의 전유물도 아니다. '인간답게 살고 싶다. 우리 사회의 문제점이 무엇일까? 그것은 어떻게 고쳐질까?' 이런 고민을 했던 분들이라면 표현 방식은 좀 다를지 모르지만 거의 같은 느낌이나 생각, 표현을 가지게 되었다고 본다.

구_ 정의를 향한 욕구, 깨어 있어야 한다는 욕구, 반칙과 불법을 허용하면 안 된다는 단호한 욕구가 시민들 저변에 상당히 깔려 있다는 것인가?

표_ 그렇다. 기득권과 이해관계가 없는 사람들은 대부분 비슷한 느낌을 가지고 있다. 다만 그걸 어떻게 표현해야 할지 몰랐을 뿐이다.

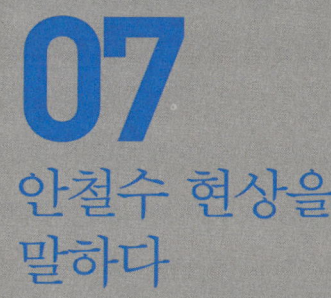

07
안철수 현상을 말하다

> **초인주의나
> 레인 메이커 신드롬을
> 이제는 극복해야 한다**

초인 혹은 레인 메이커

구_ 한국의 보수는 대체로 현대사를 성공한 역사라 평가하고, 한국의 진보는 노 전 대통령이 말한 것처럼 실패한 역사로 본다. 역사를 바라보는 이러한 차이를 화해시킬 방법이 있을까?

표_ 있다고 본다. 찾아야 하고 만들어야 한다. 언제까지 이렇게 갈 건가. 이건 서로에게 좋지 않다. 그런 대칭적이고 상충적인 역사관을 유지하는 한 진보는 절대로 다수가 될 수 없다. 영국의 노동당처럼 정말 한 번 국가를 자신들의 이념에 맞게 만들어보고 운용해볼 기회를 절대로 가지지 못한다. 반대로 보수도 자신들의 정당함, 자신들의 가치를 있는 그대로 드러낼 수 있는 기회를 찾지 못한다. 서로 간에 그런 냉전 논리, 제로섬게임, '우리가 올라가면 너희들 다 죽을 거야.', '너희가 올라가면 우리가 끝장날 테니 절대 못 도와줘.' 이렇게 가면 결국 일본 자민당 장기 독재 같은 행태가 될 수도 있다. 이제 그걸 깨야 한다.

분명히 두 쪽 다 일리 있다. 반면 그들만이 다 옳은 것도 아니다. 대한민국 역사에서 정말 악인들, 나쁜 놈들만 승리하고 자리를 차지해왔을까? 그 이전으로 돌아가서 부자들, 지주들에 관한 것도 있을 것 아닌가. 처음에 혁명이 일어났을 때 지주들을 다 때려죽이자고 했다. 그러나 착한 지주들도 있었다. 백범이 귀국해서 처음 만난 게 경주 최부자였다. 지주였지만 자신이 가진 모든 것들을 독립운동에 헌납했다. 이런 분들도 있다. 그런 것들을 서로 폭넓게 한 번 보자는 거다. 일단 서로가 상대방을 적으로 생각하고, 상대방이 날 죽일까 싶어 방어심을 가지기 때문에 인정하지 않는 것이다. 우리가 상대방의 말을 듣는 척이라도 하면 저들에게 우리가 양보하는 것이고 끝장날 것이라는 위기의식들이 있다.

그래서 중간 지대가 있어야 한다. 그래야 그게 풀린다. 내가 그 중간 지대가 되면 좋겠다. 나와 같은 마음을 가진 분들이 대단히 많다는 것을 발견했다. 그렇게 건강한 중간 완충지대가 만들어지면 '안심해. 괜찮아. 당신들 다 때려죽이지 않을 거야. 쟤들 이야기 한 번 들어보자.' 하며 보수를 테이블로 불러오고, 진보에도 '저 사람들이 악하고 나쁘고 반칙 쓰고 결국은 뒤통수 칠 거라고 우려하지 않아도 될 것 같아. 우리를 믿고 좀 이리 와봐.' 이렇게 그들을 화해시키면 대한민국도 통합의 역사를 써 내려갈 수 있을 것이다.

구_ 안철수 후보가 만들려 했던 것이 바로 그 '중간 지대' 아닌가?

표_ 그랬던 것 같다. 내가 대단히 좋아하는 영화 중에 〈더 파워 오브 원〉이란 영화가 있다. 남아프리카공화국의 흑백 인종차별 시절인 아파르트헤이트 때, 한 백인 소년에게 철학적인 가르침을 주고 권투를 가르쳐준 흑인 멘토가 있었다. 이 백인 소년은 흑백 간의 갈등을 봉합하고, 백인 소수 정권이 행하던 독재와 반인권적인 인종차별에 항거하기 위해 노력한다. 항거하기 위해서는 흑인들을 깨어 있는 시민으로 만들어야 했다. 소년은 야학와 같은 교육을 시작한다.

그때 흑인들 사이에서는 '전설의 레인 메이커'라는 게 있었다. 레인 메이커(rain maker), 즉 비를 부르는 자가 언젠가 나타날 거라는 전설이다. 레인 메이커는 가문 땅에 비를 내리게 하고, 갈라진 땅을 봉합하는 역할을 할 존재다. 사람들은 나뉘고, 싸우고, 전쟁하는 문제들을 해결하고 통합할 사람을 레인 메이커로 봤다. 물론 그가 흑인들 안에서 나올 것이라 다들 믿고 있었다. 그런데 이 백인 소년이 행하는 행동들과 순수성, 그리고 통합하며 이끌어나가는 모습들을 보면서 다 '네가 레인 메이커야.' 하고 이야기해준다.

우리에게도 '광야에서 온 초인'이 있었다. 이육사의 시 〈광야에서〉는 암울했던 일제 식민지 시대에 언젠가 백마 타고 오는 초인이 있다는 믿음을 보인다. 그 믿음은 시에만 있는 것이 아니었다. 당시 우리 민족의 정서였다. 그런 초인 같은 사람이 나타나서 우리 갈라진 한민족을 하나로 만들고, 외세를 이겨내고 우뚝 서도록 하는 지도자가 있어야 하지 않을까 하는 기대감이 있었던 거다.

아프리카의 흑인들이 기다렸던 레인 메이커나 우리 민족이 오랫동안 찾았던 초인을 안철수에게서 기대하지 않았을까? 실제로 갑자기 백마 타고 딱 나타나지 않았나. 그가 내세웠던 가치들은 중간 지대나 회색 지대가 아닌 다른 평가를 받은 듯하다. 혼란하고 어지럽고 여기나 저기 다 문제가 있다고 여길 때, 신선하고 깨끗하고 어디에도 속하지 않은 것 같은 사람이 나타났다. 여기도 속하고 싶지 않고 저기도 속하고 싶지 않은 민초들은 그가 나라를 변혁해주지 않을까 하며 초인에게 거는 기대를 했던 것 같다. 그런데 백마를 타고 왔던 그가 비행기를 타고 미국으로 날아가 버렸다. (웃음)

앞으로 어떤 행보를 보일지는 모르겠지만 대선 투표일에 출국한 순간부터 그에게 기대를 품었던 많은 분들이 상심했다. 그래서 어떤 특정인에게 기대는 초인주의나 레인 메이커 신드롬을 이제는 극복해야 한다. 내게 자꾸 안철수의 뒤를 잇는다고 하는데, 그런 이야기는 그냥 흘려 넘길 뿐 가치를 부여하지 않는다. 나는 그런 사람이 되고 싶지 않다. 그렇게 기대하다가 '너 아니었잖아.' 하면서 돌팔매질할 걸 뻔히 알기 때문에 고맙지도 않다. 그래서 그런 초인이 되고 싶은 욕심이 전혀 없다. 중간 지대를 만들 수 있는 사람들과 함께 뜻을 모아서, 극단주의자들이 상대방을 죽이자고 선동할 때 우리는 엄정히 '그런 소리 하지 말고 너희들이 얼마나 잘할지를 내놔봐. 우리가 공정하게 평가할게.' 이렇게 할 수 있어야 한다. 나는 이런 건전하고 건강한 시민들의 힘을 중간 지대로 본다.

제3의 길

구_ 메시아나 초인을 요구하는 것은 그 사회가 불안정하다는 것을 증명한다. 그렇다면 당시 안철수 교수가 필요했던 한국적 상황은 어떤 것이었을까? 왜 안철수 교수를 갈망했고 '안철수 현상'까지 만들어졌을까?

표_ 기성 정치에 환멸을 느꼈던 거다. 정치는 대단히 중요하다. 없으면 안 된다. 사람들의 뜻을 대변하고, 결국 이상을 제시하고, 비전을 제시하는 것이 정치다. 어떤 방향에서 그것을 제시하느냐에 따라 당이 나뉜다. 어떤 당이 자신들의 이상과 비전을 실현할 수 있느냐에 따라 권력의 운명이 바뀐다. 그런데 사람들은 그 과정이 대단히 왜곡되어 있음을 느꼈다. 겉으로 내세우는 가치가 자기들이 진정으로 추구하는 것 같아 보이지 않았다. 세상을 잘 살게 하겠다는 것이 그저 레토릭(수사, 修辭)에 불과해 보였던 것이다. 실제로는 자기들의 이득만 챙기려 한다고 느꼈던 거다. 여야가 서로 비판하고 공격하지만, 결국은 뒤에서 똑같이 세비나 올리고, 자기들의 기득권을 공고히 하고 유지하는 것에 혈안이 돼 있지 않았나? 야당은 더 심한 실망을 줬다. 도대체 정말 정권을 교체하겠다는 의지가 있는 것인가? 차라리 안전한 야당으로 남아서 야당의 권력을 유지하는 것이 자신에게 더 유리하다고 본 것은 아닌가?

시민들은 그것을 눈치챘다. 그래서 강한 환멸을 느끼게 된 것이다.

　기성 정치판에 물든 인간들로는 도저히 우리 시민들이 원하는 세상이 오지 않는다는 생각, 그 생각과 분위기가 안철수 현상의 가장 큰 원인이었다. 그래서 기성 정치 세력에 속해 있지 않은 사람 중에서 정치를 할 수 있는 역량과 지식과 신망과 신뢰, 리더십을 가지고 우리에게 비전을 제시하고, 할 수 있다는 자신감을 심어준다면 누구든 지지해줄 마음의 자세가 되어 있었다. 그런 가운데 안철수가 그런 인물로 각인됐다. 본인이 처음부터 의도했는지는 모르겠다. 하지만 다양한 미디어 활동, 책 출간, 벤처기업 성공 신화 등은 대단히 신선하게 다가왔을 것이다. 기성 정치인이 아니고, 깨끗하고 청렴하고 똑똑하고 회사도 잘 이끌었다는 것들이 겹쳤다. 게다가 그는 종북 좌빨도 아니고, 자본주의 사회에서 성공한 CEO 니까 믿을 수 있다는 심리가 강하게 작용했다고 본다.

구_ 한편으로 안철수 교수는 '청춘콘서트'를 통해 청년 등과 계속 소통해왔다. 그런 점에서 우리 사회의 소통 부재가 안철수 현상을 낳지 않았나 싶다.

표_ 그런 측면도 분명히 있다. 하지만 그게 주된 이유는 아니었을 것이다. 사람들과 소통한 분들은 많았다. 김제동 씨도 소통했고, 조국 교수도 소통했다. 이렇게 소통하는 사람들이 꽤 있었다. 그런데 그중에서 누가 '현상'까지 일으킬 정도로 지지와 기대를 한

몸에 받았나? 소통능력과 함께 안철수 교수가 가지고 있는 이미지가 있었다. 또 소통 과정에서 정치에 대한 기대와 희망을 조금씩 보여줬다. 서울시장 선거가 가장 최초였다. 본인도 직접 정치를 하겠다는 생각이 강하지는 않았을 것 같다. 그러다가 '당신이라면 우리가 밀어줄 수 있겠소. 당신 같이 깨끗하고 기성 정치에 물들지 않은 사람이 나서주기만 한다면 우리가 도와주겠소.' 이런 바닥 심리를 직접 체감하면서 전국 강연 투어를 진행했다. 그런 가운데 서울시장 선거가 가장 상징적이면서 중요한 정치적 이벤트로 떠올랐다. '내가 시민들의 열망을 외면하지 않아야겠다.' 하면서 나섰다. 하지만 본인은 여전히 직접 정치하기보다는 자신이 하고자 하는 이야기들을 말하고 사람들과 소통하고 싶었던 게 강했다. 박원순 시장에 투여됐던 강한 열망과 그의 구체적인 비전을 받아들여 후보직을 포기한 것 아닌가? 그런데 그게 안철수를 더 키웠다. '아, 버릴 줄 아는 사람이니까 우리가 더 믿을 수 있지 않겠느냐.' 그렇게 본 거다.

구_ 지난해 한국 사회를 떠들썩하게 했던 안철수 현상을 차분하고 냉정하게 평가한다면 어떤가?

표_ 일단 많이 아쉽다. 많은 분들에게 희망과 기대를 줬는데 성공하지 못했다. 정말 새로운 대한민국, 더 이상 갈리지 않고 부패하지 않은 대한민국으로 가지 못했다. 야권 후보 단일화가 아름답게 이루어지지 못한 것도 개운하지 않은 뒷맛을 남겼다. 가장 아쉬운 것은 투표일에 미국으로 출국해버린 그의 행동이다. 그렇게 안철수 현상은 마무리돼버렸다.

안철수 교수 개인이 어떻게 생각하고 있는지와 상관없이 안철수 현상을 만들어내고 기대했던 시민들 처지에서 봤을 때 많이 아픈 경험이지 않을까? 하나의 트라우마로 남지 않을까? 다시 새로운 변혁을 위한 시도가 나올 때 '저거 저러다 또 안철수처럼 도망가겠지.' 이런 좌절감과 냉소주의의 씨앗이 되지 않을까? 그리고 반대쪽에서는 새로운 현상과 신드롬이 나타날 때마다 계속 안철수 현상을 상기시키면서 '저러다 만다. 괜히 헛심 쓰지 마라. 역시 정치는 하던 사람이 해야 한다.' 이런 분위기를 만들 빌미를 제공했다. 그럼에도 불구하고 희망을 발견하게 해준 점은 정말 고맙다.

안철수 현상에서 보듯 기존의 지역이기주의나 기존 정치 세력의 탄탄한 힘, 이런 것들에 맞서 싸울 수 있는 새로운 힘은 언제든 나타날 수 있다. 다음에는 조금만 더 오래갈 수 있는 힘을 가지고, 조직력을 갖추고, 좀 더 구체적인 전략과 비전을 가지고 나타난다면 기성 정치와 기득권 등 거대한 힘에 대항해서 싸울 수 있고, 이길 수 있다. 그런 기대와 희망을 준 점은 대단히 긍정적으로 생각한다.

구_ '안철수 현상'이 서서히 사그라지는 것을 보며 한국 사회에서 중간 지대, 제3지대를 형성하는 것이 정말 어렵다는 생각이 들었다.

표_ 그렇다. 성공했으면 하는 기대를 많이 가졌는데 그런 부분이 좀 아쉽다. 그랬다면 현재 만들어진 권력에 기대지 않고도 새롭게 우리들만의 자생적인 노력으로 충분히 힘을 만들어낼 수 있었을 것이다. 그런 가능성을 보여줬으면 얼마나 좋았을까 하는 아쉬움이 있다. 하지만 꼭 결과가 성공해야만 성공이라고 할 수 있는 것은 아니다. 그 과정에서 가능성을 충분히 보여줬다. 안철수 교수는 많은 장점과 강점을 가지고 있다. 하지만 여전히 인간이기에 약점도 있다. 특히 한 개인에게만 의존했던 상황과 현상들을 조금 더 반성한다면, 한 개인이 아닌 뜻을 같이하는 여러 사람들이 함께 자신을 내어놓고, 공동의 가치를 위해서 아름답게 협력한다면 제3지대가 충분히 만들어질 수 있고, 성공할 수 있다. 히딩크 감독이 축구팀을 이끌 때 프랑스와 붙어서 5 대 0으로 진 적이 있다. 그러면 우리는 거기서 좌절해 히딩크 감독을 쫓아낼 것인가? 그건 아니다. 우리의 문제가 무엇이고 약점이 무엇인지 알았으니까 그것을 고치면 된다. 결국 월드컵 4강까지 진출하지 않았나. 안철수 현상도 그렇게 받아들여야 하지 않을까?

구_ 한국 사회에서 제3의 길을 열망하는 욕구들이 상당히 많다. 하지만 제3의 길을 형성하는 것은 참 어려운 과제다. '보수 대 진보의 대립 구도가 아닌 제3의 길이 가능하다고 생각하는가?

표_ 그런 제3의 길을 실제 만들려고 했던 것이 안철수 교수였다면, 나에게 제3의 길은 새로운 세력의 등장이 아니라 기존의 진보와 보수가 반칙하지 않도록 하는 감시자 역할이다. 그리고 필요하다면 조정 역할, 협력 역할을 함께하는 거다.

기존에 이미 형성된 보수와 진보는 아무리 욕을 해도 한 명 한 명이 대단한 사람이라고 할 수 있다. 국회의원이 된다는 것, 정치적 정당의 지도자가 된다는 것은 보통 사람이 할 수 있는 일은 아니다. 자신의 모든 것을 던져야 하고, 그를 믿어주고 신뢰해주는 사람들이 있어야 한다. 그렇게 할 수 있는 능력은 어떻게든 인정해야 한다. 그런데 그들이 우리가 기대한 것과 달리 노블레스 오블리주를 게을리 한다. 공익이 아닌 사적인 이익을 위해 더 노력한다고 생각하기 때문에 우리가 환멸을 느끼는 거다.

그렇다고 그들을 다 쫓아내고 새롭게 물갈이를 하면 잘될까? 그 지점에 내가 나를 보수라고 한 이유가 있다. 공산혁명은 다 그렇게 시작된 것 아니겠나? 자본주의를 갈아엎어 버리고 우리가 새로 만들면 깨끗한 세상이 될 것이다. 지주와 자본가를 몰아내면 우리 노동자들의 멋진 세상이 될 것이다. 하지만 그게 아니란 말이다. 그 안에서 또다시 권력을 탐하고, 지배하고, 경쟁자를 물리치려는 인간의 속성이 드러난다. 그러면 민중들만 더 괴로워진다. 그래서 나는 제3의 세력이 '너희들 다 무시하고 우리가 새로운 세상

> **나는 새누리당에 가지 않는다.
> 다만 밖에서 괴롭힐 거다**

을 만들 거야.' 이러기보다 기존 정치세력들의 장점과 존재 필요성 등을 인정해야 한다고 본다. 권력이라는 속성 때문에 타락하고 부패하고, 반칙을 쓰려는 유혹은 누구나 느낀다. 그런 부분에 우리가 회초리를 들고, 셜록 홈스의 현미경을 가지고 늘 감시하겠다는 것이다. 그러면서 '너 그건 반칙이야. 네가 이렇게 하는 순간 우리의 제3세력이 너희들이 반칙했다는 것을 알리고 싸움으로써 상대방에게 승리를 안겨다 줄 거야.' 이렇게 하는 것이 내가 생각하는 제3세력의 의미다. '진보, 보수 다 필요 없으니까 우리가 정치할 거야.' 이것은 적절하지 않다.

구_ 표 교수는 대단히 현실주의자라는 점에서 진짜 보수주의자인 것 같다.

표_ 그렇다. 다만 공정하게 경쟁하며 진짜 혁명의 필요성, 다수 지배, 안정적이면서 혼란이 최소화한 상태에서 정말 살기 좋은 사회주의 세상을 만들겠다고 국민들을 설득해 집권하면 박수를 쳐 줄 것이다.

구_ 기존에 있는 진보와 보수를 인정하되 거기서 제대로 된 보수와 진보의 구도를 재정립하는 것이 가장 필요하다고 보는 것 같다.

표_ 그게 먼저여야 하고, 그게 가장 중요하다고 생각한다.

구_ 한국 사회가 보수와 진보가 뒤틀려 많은 문제점을 드러내고 있다는 점에서 그런 주장은 꽤 의미가 있어 보인다.

표_ 새누리당을 잘 알지는 못하지만 그 안에도 합리적이고 상대를 존중할 수 있는 보수주의자가 있을 것이다. 그렇지만 내가 새누리당에 가지는 않을 거다. 다만 밖에서 괴롭힐 거다. 보수답지 않는 것들이 권력을 잡고 난리칠 때 '너는 절대로 진정한 보수가 아니야.' 이렇게 말하는, 대단히 까칠하고 귀찮은 존재로 계속 남아 있겠다. 진보의 경우 진보 쪽의 누군가가 알아서 그런 역할을 해주면 진보도 더 합리적으로 정리되고 발달할 거다.

박정희와 광주

구_ 산업화세대, 민주화세대, 21세기 정보화세대 간의 갈등을 해소할 수 있는 방법은 무엇인가?

표_ 자신의 가치, 자신의 업적, 자신의 신념 등을 당당하게 주장하고, 상대방의 가치와 주장과 생각들도 존중해주는 게 해답 아니겠나. 그렇게 되면 갈등으로 나아가지 않고 경쟁으로 심화될 수 있다. '내가 저들을 인정하는 순간 우리는 끝장날 거야.' 이런 두려움이 있을 때 갈등이 된다. '쟤네들도 좋지만 우리가 더 좋다. 한번 해보자. 쟤네들이 우리보다 더 좋은 모습을 보이네. 아, 이번에는 우리가 밀렸구나. 다음에는 우리가 더 좋은 모습을 보이자.' 이렇게 하면 갈등이 아니라 경쟁으로 나아가게 된다.

그 출발점을 '박정희'와 '광주'에서 찾는다. 박정희와 광주가 가장 상징적이지 않나. 일단 정보화세대는 뒤로 미루자. 박정희와 광주는 각각 산업화와 민주화의 상징이다. 내가 박정희를 존경한다고 말하는 순간, 민주화세력 쪽에 있는 분들은 '그것만 빼면 다 너를 인정해주겠는데 그거 때문에 도대체 너를 못 믿겠어.' 이렇게 나온다. 그다음에 광주 민주화운동이라 하고 광주가 성지라 하면 '네가 전라도 놈이야? 너 결국 DJ 똘마니구나. 노빠구나.' 이렇게 말한다.

좋다. 바로 그 발견이 더 기쁘다. 아, 이게 우리의 병이구나. 이게 우리의 환부구나. 그럼 이제 문제가 무엇인지 알았으니 반 이상은 해결된 거다. 일단 다른 것보다 이 두 문제를 가지고 계속 담론을 형성하자. 나는 총알받이 역할을 하겠다. 박정희를 다카키 마사오라 부르는 사람들로부터 '저놈도 우리를 현혹시켜 놓고는 결국 박근혜에게 달라붙을 놈일 거야.' 하는 시선과 공격을 다 받겠다. 그리고 광주의 실상을 알리고 왜곡된 이야기를 헤쳐나가면서 광주는 분명 우리 민주화의 아픈 상처지만 자랑스러운 민중 항거의 역사고, 광주만이 아니라 우리 대한민국의 자랑으로 전 세계에 민주화의 상징으로 알릴 가치가 있다고 얘기하면 영남 쪽이나 보수 쪽에서는 '저 새끼 빨갱이 아냐?' 이렇게 나올 거다. 그걸 내가 다 받겠다. '국회의원 나가려고 그러는 거 아냐?' 할 수 있지만 그것이 아닌 것을 계속 보여드리고 있다. 대신 관심을 계속 끌어야 한다. 관심 밖으로 밀려나면 아무런 소용이 없다.

내가 박정희를 존경하든 광주가 민주화의 성지라고 하든 누구도 신경을 안 쓰게 되면 아무 소용이 없다. 계속 관심을 받아야 한다. 그렇게 하다 보면 '저 인간은 도대체 뭔데 양쪽에서 욕먹을 이야기를 하는데도 저렇게 관심을 받고 잘나갈까?' 이럴 것이다. 그리고 그 문제는 자녀에게로 확대될 것이다. 내 자녀가 어떤 사람이 되고 싶을까? 점점 많은 사람들이 '표창원 같은 사람이 되고 싶어.' 하는 현상을 보면 왜 그럴까 하고 생각할 거다. 그냥 당당하니까. 욕먹을 각오를 하고 올바른 소리를 하니까. 그것이 객관적으로 옳은지 않은지는 역사적으로, 사회과학적으로 논쟁해봐야겠지만, 하여튼 저 사람은 자기가 생각하는 대로 옳다고 느끼는 것을 말하고, 권력이랑 싸우고, 누가 욕을 해도 당당하다고 생각할 거다.

'박정희? 저 사람 말에 도대체 어떤 의도가 있는 걸까. 내가 볼 때는 박정희가 완전히 악의 화신이고, 나쁜 짓만 했고, 사람 죽인 살인마 같은 존재인데 왜 저 사람은 존경한다고 할까? 그것이 알고 싶다.' 이렇게 된다. 그러면 이제 대화를 시작할 수 있다. 광주의 경우도 똑같다. 영남에서도 교사들이 광주의 역사를 가르치고, 아이들이 5·18 행사에 참석하고, 광주에 수학여행 와서 5·18 묘역에 참배하고. 또한 호남에서도 박정희 대통령은 독재를 했지만 그가 우리의 산업화를 일군 업적은 존중하고, 기념관이 생기면 참

❝ 나는 중간 지대가 되고 싶다. 그렇게 건강한 중간 완충지대가 만들어지면 '안심해. 괜찮아. 당신들 다 때려죽이지 않을 거야. 쟤들 이야기 한 번 들어보자'고 보수를 테이블로 불러오고, 진보에도 '저 사람들이 악하고 나쁘고 반칙 쓰고 결국은 뒤통수 칠 거라고 우려하지 않아도 될 것 같아. 우리를 믿고 좀 이리 와봐'라며 그들을 화해시키면 대한민국도 통합의 역사를 써 내려갈 수 있을 것이다. ❞

관도 하면 좋겠다. 박정희 대통령은 위대한 독재자다. 독재자라는 것은 뺄 수 없지만 앞에 '위대한'이라는 수식어는 붙여줄 수 있지 않을까? '필리핀의 마르코스와 비교하면 우리가 낫잖아.' 이렇게 생각할 수도 있다. 그렇게 하면 우리 역사의 화합을 이룰 수 있고, 많은 문제들을 쉽게 풀 수 있다. 탈출구가 보이지 않는 극한의 대립과 갈등을 풀 수 있는 하나의 사례가 만들어질 수 있다.

구_ 광주와 박정희는 보수와 진보에는 양날의 칼인 것 같다. 보수 진영은 5월 광주가 종북 빨갱이 짓이 아니라 부당한 것에 시민들이 항거한 사건이라 인정하고, 진보 진영은 박정희 대통령의 공도 인정해줘야 한다는 점에서 그렇다.

표_ 맞다.

보수와 진보, 소통은 불가능한가

구_ 앞서 언급한 그 중간 지대를 만들려면 보수나 진보의 소통 능력이 제일 중요하다.

표_ 맞다. 소통하기 위해선 여유를 가져야 한다. 상대방을 인정하면 어떤가. 당당함과 여유를 가져야 소통할 수 있는 자세가 생긴다. 그다음에 내 주장과 의의를 상대방에게 전달하고자 하면서 상대방의 주장과 의의를 진실로 받아들이려는 자세를 갖추는 것이 진정한 소통이다.

> **소통의 핵심은 차이를 인정하고
> 서로 다른 점을 존중하는 것이다**

구_ 그러나 여전히 보수와 진보 모두 소통능력이 미숙하거나 부족해 보인다.

표_ 양쪽 다 그렇다. 나 같은 경우에도 보면 알지만 조금만 자기한테 어긋나는 걸 얘기하면 서로 욕한다. 받아들이려 하지 않는다. 내가 하는 것들이 자신들과 어긋난다고 보니까 일제히 빨갱이라고 욕하기 시작했다. 진보에서는 과거 나를 철저하게 보수, 수구꼴통이라고 봤다. 그런 것들이 그들이 가지고 있는 소통능력의 한계를 보여준 것이다. 자주 화해하고 소통해보려는 제스처를 많이 해봤다. 진보 쪽에 계신 분들 중에 합리적 진보라고 할 수 있는 어떤 의원은 여성과 아동에서 보수, 진보가 따로 없다며 내가 하는 얘기를 들으려고 했다. 하지만 그 너머 뒤편까지는 가닿지 못하는 한계와 벽을 느꼈다. 마찬가지로 보수 쪽도 자신들 편이라고 인식할 때는 무조건 환영하고, 무조건 동지라고 생각해왔다. 하지만 그렇지 않을 수 있다는 신호를 발견한 순간부터 완전히 나를 바깥으로 콱 밀어내 버렸다. 이 사람들은 소통이라는 것을 할 의사가 없는 거다. 능력의 문제를 탓하기 이전에 소통해서 저 사람이 왜 저러는지, 어떤 생각을 가지고 있는지, 바뀔 부분은 없는지, 오해는 없는지를 대화할 의사 자체가 없다.

구_ 보수와 진보가 서로 소통하기 위해선 무엇이 가장 필요하다고 보나?

표_ 소통하지 못하게 만드는 이들이 있다. 소통하려고 할 때마다 확 소금 끼얹고 찬물 끼얹는 이들이 있다. '말하지 마. 빨갱이랑 왜 이야기해.' 이런 식이다. 왜 그럴까? 누구일까?

〈경향신문〉 칼럼에서 국정원에 질문을 던졌다. '당신들이 종북 좌빨론의 뒤에 있습니까? 당신들이 그런 종북 좌빨론을 만들어내고 퍼뜨리고, 그게 결국 대선 승리의 원동력입니까?' 물론 국정원은 답을 안 할 거다. 하지만 그런 질문을 자꾸 던지려고 한다. 그래서 그들을 위축시키려고 한다. 나는 이렇게 말하고 싶다. '그런 짓 이제 하지 마라. 진보, 보수 성향에 있는 시민들이, 지식인들이 서로 이야기하도록 놔둬라.'

내가 공부한 커뮤니케이션 이론 중에 뉴콤(Newcomb)의 'ABX 이론'이 있다. A와 B는 서로 정반대 입장에 있는 사람들이다. 예를 들어 A와 B가 각각 남북이다. 그러면 냉전과 분단, 또는 통일 문제는 X가 된다. 서로 적대적인 관계에 있는 사람들이 만나면 처음에는 싸울 것이다. 해결책이 나오지 않으니 전쟁으로 끝이 날 것이라고 생각할 것이다. 그러나 뉴콤은 다른 결과를 보여준다. 뉴콤은 수많은 사례에서 계속 만나는 횟수를 늘리고, 말하게 하고, 서로 소통하게 했더니 결국 공통 사안인 X를 보는 서로의 공통점이 더 넓어지고 이견이 좁아진다는 사실을 발견했다.

남북도 똑같다. 남북대화가 계속될 때는 화해 무드도 조성되고 뭔가 될 것 같다는 희망도 생긴다. 이산가족의 만남도 이루어지고, 군비 축소도 이루어지고, 식량 지원도 이뤄진다. 그런데 소통하지 않아 벽이 생기는 순간, 서로에 대한 반감과 불신만 커지게 된다. 보수와 진보의 관계도 똑같다. 그래서 말하게 해야 한다. 비난을 하고 싸워도 자꾸 만나야 한다. 결국 그게 관용적 태도인 톨레랑스를 만들어가는 과정이다. 프랑스 등 유럽에 가면 텔레비전에서 하루 종일 재미없는 토론과 대담이 이어진다. 그런데 우리나라 종편 채널은 양자 간의 만남이 아니라 일방적인 이야기만 쏟아낸다. 토론이 아니다. 이렇게 말을 못하게 하고, 소통하지 못하게 하고, 만나지 못하게 하고, 일방적으로 공격하고 비난만 하게 하는 논리를 만들어 공급하는 자들의 준동을 막아야 한다.

물론 아직까지 그들의 실체가 무엇인지는 정확히 모른다. 국정원도 최종 실체는 아니라고 본다. 그 이면에 조갑제, 지만원 등 도대체 말도 안 되는 이야기를 계속 젊은 사람들에게 공급하는 사람들이 있다. 이런 것이 '일베'(젊은 보수의 인터넷 커뮤니티 '일간 베스트'의 약자)를 통해 확대 재생산된다. 그런 구조 자체를, 그 사령부를 계속 위축시켜야 한다. 그런 역할을 내가 시작했고, 많은 분들이 해야 한다. 그래서 자꾸 질문을 던지는 거다. 너희들 최종 배후가 누구야? 이런 논리를 재생산시키고 맨날 빨갱이 종북론을 앵무새처럼 떠들게 만드는 게 누구야? 그러면 저들은 고소 등을 통해

자기 검열을 하게 만들 것이다. 반면 우리는 정당성과 정의로 저들이 자기 검열을 하도록 만들어야 한다. '너 종북 좌빨 이야기 꺼내기 전에 한 번 더 생각해봐. 네가 대단히 바보 같은 모습으로 비춰질 수 있어.' 하는 캠페인을 내가 하고 있는 거다. 그러면 이제는 무조건 공격하고 비난하는 것이 유치한 것으로 비쳐지게 된다. 그러려면 만나야 한다. 논리로 무장해야 한다.

진보를 공격하려면 자기가 거기보다 앞서 나가야 한다. 그게 힘든 일이다. 진보도 마찬가지다. 그 과정에서 무조건 공격하기보다는 상대를 이해하고 존중하면서 조금의 차이와 문제를 지적하는 게 낫다는 것을 깨달아야 한다. 소통의 핵심은 차이를 인정하고 서로 다른 점을 존중해주면서 내가 낫다는 것을 합리적으로 내세우는 경쟁과 토론에서 형성된다.

잘못된 타깃

구_ 보수든 진보든 '증오의 정서'에서 벗어날 필요가 있다.

표_ 증오와 혐오, 그 정서 자체로 접근해 들어가면 절대로 해결책이 안 나온다. 문제는 그 대상을 정확하게 정조준해야 한다는 것이다. 증오나 분노는 실탄이다. 누구든 나타나면 다 쏴버린다. 지금 우리가 서로 그렇게 되어 있다. 같은 99%의 국민들이 진보-보수로 갈리고, 영-호남으로 갈려서 서로를 '이새끼, 나쁜 놈아. 죽어라. 넌 종북 좌빨이잖아. 넌 수구 꼴통이잖아.' 이러고 있는 양상이다.

'당신들이 갖고 있는 증오는 정당해. 그런데 그 타깃이 잘못됐어.' 보수의 타깃은 누구일까? 그건 북한이다. 동족상잔의 비극, 우리를 침탈하려 하고, 우리 정체를 부정하는 존재가 북한이라는 말이다. 특히 '북한 인민'이 아니라 '북한 정권'이다. 그들을 타깃으로 해야 한다. 왜 대한민국을 좀 더 잘 살게 하고, 우리 민중들이 좀 더 기본권을 잘 누리게 하자는 진보를 북한 정권과 동일시해서 이들에게 총을 쏘나? 그건 잘못됐다. 그렇게 하면 할수록 누가 더 좋아할까? 당신의 진정한 적인 김정은이다. 이걸 깨닫게 해주어야 한다.

진보 측도 왜 당신의 동료인 애국 보수에게 총을 쏘나? 그들의 수괴, 그들의 뒤에서 우리들의 분열 양상을 보며 웃고 있는 기득권을 향해 정조준하라는 거다. 그렇게 해서 권력형 비리 등의 문제를 드러내자는 거다. 그런데 이게 참 쉽지 않은 이유는 북한도 똑같기 때문이다. 북한의 선전 선동, 공작도 마찬가지 아닌가. 한국의 분열 양상을 조장하기 위해 자기들이 할 수 있는 모든 일을 한다. 한국의 친일, 독재, 그 힘과 부를 이어받아서 기득권을 취하고 있는 소수들도 마찬가지다. 자기를 비판하는 지식인이나 진보 세력과 싸워줄 일반 민중 보수층을 원한다. 이렇게 대리전 양상이다. 서로 싸워서는 안 될 사람들끼리 싸우는 이 형국에서 벗어나 빨리 서로가 진정한 타깃을 잡도록 만들어줘야 한다. '미워하지 맙시다. 왜 미워합니까?' 이건 이미 혐오에서 출발한 것이다. 이 혐오라는 감정 자체로 접근해 들어가면 절대로 해결이 안 된다.

> **싸워서는 안 될 사람들끼리 싸우는
> 대리전 양상에서 벗어나야 한다**

구_ 상처로 치면 도려낼 부분은 도려내야 한다는 말인가?

표_ 그렇다. 예를 들어 진정한 보수라면 보수 안에 있는 친일 매국 독재 세력을 떼어내야 한다. 그래야 당신들이 정말 존중받고 인정받을 수 있다. 진보도 그 안에 북한에 동조하는 진짜 종북이 있지 않나. 그들을 도려내라는 거다. 그렇게 해야 진정한 소통이 이루어질 수 있다. 수많은 선량한 시민들이 서로 양 진영으로 나뉘어 자기 동료들을 향해 돌팔매를 하는 상황은 정말 무섭다. 그걸 빨리 깨쳐나가야 한다. 내가 보수 쪽에서 그 일을 시작할 테니, 진보도 시작해서 진짜 제대로 된 타깃을 만들어 없앨 건 없애고 도려낼 건 도려내라는 거다. 그리고 나서 새로 한 번 보수와 진보가 깨끗하게 경쟁하고 시작하자는 거다.

구_ 그것은 확실하게 자베르적 접근 같다. 관계 등에 이끌려 봐주고 적절하게 넘어가기보다는 정확하게 할 부분들은 정확하게 한다는 점에서.

표_ 그렇다.

구_ 제대로 된 보수, 진정한 보수, 합리적 보수가 갖추어야 할 핵심 역량은 무엇인가?

표_ 가장 중요한 것이 역시 소통능력, 즉 대화와 설득이다. 지금 한국 보수에게 가장 부족한 것이 그거다. 자신들에게 대화와 설득 능력이 없고, 상대방을 설복시킬 자신이 없고, 자신을 변호할 능력이 없으니까 자신에게 불리한 이야기를 하고 비판하는 사람들을 싫어한다. 그런 대화의 자리에 나오기 싫으니까 제일 쉬운 게 '말 잘하면 빨갱이'라며 자꾸 대화하고 소통하려는 자들을 백안시하는 것이다. 그런데 보수는 분명히 강점이 있다. 누누이 말했지만 보수는 근대의 승자고, 현세를 이끌어낸 승리자다. 그런 당당함에다 보수의 주장과 이념, 사상, 경험을 설파해내면 분명히 다수를 우리 편으로 만들 수 있고 설득할 수 있다. 그런 자신감을 가지라는 거다. 그렇게 되면 반칙을 쓸 필요가 없다.

축구 시합도 마찬가지다. 과거에 심판을 매수하거나 여러 가지를 조작해서 억지로 승리를 얻어내는 모습을 봐왔다. 그런 승리는 아무런 값어치가 없다. 결국 그 실력은 인정받지 못한다. 발전하지 못하니까 국제 무대에 나가면 여지없이 깨지고 만다. 그래서 우리가 바뀌었지 않나. 정말 공정하게 경쟁하고, 국제 무대에 나가서 이기고, 보수가 갖추어야 할 부분은 그런 치열한 경쟁이다.

특히 정치는 말이다. 말로 이루어지는 커뮤니케이션이고 소통이다. 그렇게 소통하다 보면 자신들 안에 있는 부정과 비리와 잘못된 유착과 연결이 드러날 수밖에 없다. 자기 정화가 된다. 그 가운데 가장 뛰어난 보수적 리더가 만들어질 수 있다. 영국 등 유럽의 각 보수당들은 그렇게 청년 시절부터 정치력, 협상력, 설득력, 리더십 등의 역량을 인정받은 사람들이 지도자로 커서 당수가 되고 수상이 된다. 우리도 정치에서 그런 구조를 갖추는 게 가장 시급하다.

보수 정권을 바라보는 시선

구_ 진정한 보수의 탄생을 위해 정치학적으로 권력의 탄생이 필요하다. 굳이 이름을 붙이자면 진정한 신보수 정권이라고 할 수 있을 텐데 한국 사회에서 진정한 신보수 정권의 탄생이 가능하다고 생각하나?

표_ 가능해야 한다고 생각한다. 그게 안 되면 대한민국 보수의 미래는 없다. 나는 정말 정의를 믿는다. 시간이 걸려도, 불의한 정권은 망할 수밖에 없다. 남아공의 아파르트헤이트가 결국 무너졌고, 히틀러 독재도 무너지고, 일본 제국주의와 군국주의도 무너졌다. 다 그랬다. 우리나라에서도 독재는 무너졌다.

한국 보수가 진정 제대로 존중받고, 신뢰받고, 통치할 수 있는 능력을 가진 정치 집단이 되려면 변해야 한다. 합리적으로 바뀌어야 하고, 비리와 돈의 힘, 권력의 힘, 기득권의 힘에 기대 겨우겨우 연명하는 상태에서 빨리 탈피해야 한다. 그렇지 않을 경우 자기들만 패망하는 게 아니라 우리 민족이 패망할 수 있다. 북한은 저렇게 지리멸렬하기 때문에 북한한테 망하지는 않을 것 같다. 다른 외세에 국권을 뺏기지 않더라도 경제권과 문화 등을 빼앗기지 않을까? 그래서 보수가 필요하다. 한국 보수가 새로 탄생해서 진정한 정권으로서의, 정당으로서의 모습을 갖추지 않으면 그들도 망하지만 우리도 같이 망한다. 그래서 나는 신보수 정권의 탄생은 당위의 문제라고 생각한다.

> **저들이 끝물이다. 저렇게 비루하고 더럽게 유지해오던 권력의 마지막이다**

구_ 지금 새누리당 등의 보수 세력은 표 교수가 지향하는 진정한 보수 정권의 탄생을 이끌어가기에는 부족한가?

표_ 부족한 정도가 아니라 배제되어야 할 대상이다. 그 안에서 알을 깨는 고통을 겪어야 한다. 그 안에 있는 합리적인 보수 세력이 스스로의 문제를 걷어내 새롭게 나서든지, 아니면 외부에서 새로운 보수 세력을 형성해 그것을 극복해야 한다. 현재의 새누리당이나 기득권 세력은 그럴 능력이 없다. 아주 많은 기회가 주어졌지만 여전히 불법과 비리와 탈법과 반칙에 기댔다. 그 반칙이 주는 승리를 만끽하고 도취되어 있다. 깨끗한 패배도 있을 수 있다. 그러나 깨끗한 패배를 용납하려 하지 않는다. 더럽더라도 승리만이 좋다는 것에 너무 물들어 있다. 그러한 뿌리 깊은 관행과 관습, 습관에 젖어 있기 때문에 그들 스스로는 바꿀 수 없다.

구_ 이동흡 헌법재판소 소장 후보자나 사퇴한 김용준 국무총리 후보자를 보면 병역 비리, 부동산 투기, 위장 전입 등 한국 보수의 속살을 또다시 목도하는 느낌이 강하다.

표_ 새롭지도 않다. 늘 계속 있어왔던 거다. 나는 기대도 하지 않았다. 오히려 본질적 개혁이 안 된 상황에서 그들이 참신한 인물을 내세웠을 경우 오히려 본질적 개혁이 좀 늦춰질 수 있다는 불안감이 있었다. 그런 점에서 솔직히 차라리 잘됐지 않나 싶다. 그들의 본질은 저렇다. 전혀 보수적이지 않고, 보수적 가치를 실천하지 않으면서 오로지 자신들의 이익과 권력만을 탐하는 무리들이라는 것을 그대로 보여주고 있다. 다만 여기서 우리 시민들이 '저렇게 해야 성공하는구나. 저게 결국은 정치의 실상이야.' 하는 패배감을 느끼지만 않았으면 좋겠다. 오히려 '저들이 끝물이다. 저렇게 비루하고 더럽게 유지해오던 권력의 마지막이다.' 이렇게 생각했으면 좋겠다. 그러면서 이제는 바꿀 수 있다는 메시지가 전달됐으면 좋겠다.

구_ 박근혜 대통령이 앞으로 5년 동안 인사를 해야 할 텐데 아예 야당에 장관 등의 후보자를 추천해달라고 대담하게 제안하면 어떨까 싶다. 국민 대통합을 위한 탕평 인사가 될 수 있지 않을까?

표_ 그게 바람직하다. 새누리당이 선거에서 다수를 점하기는 했지만 그게 진정 지지해주는 표는 아니다. 단지 빨갱이가 싫은 사람이 대부분이다. 문재인 후보나 야당이 말하는 것은 좀 의심스럽다고 봤기 때문에 새누리당과 박근혜 후보를 선택한 사람이 많다. 그런데 99% 대다수 서민들이 환멸을 느낄 만한 병역면제나 비리, 탈세나 위장 전입, 부동산 투기, 교육에서의 자녀 특혜 등으로 점철된 사람들로 다시 내각이 구성되는 모습을 보이면 지지자들도 등을 돌릴 거다. 그렇기 때문에 자기들이 5년이라도 무리 없이 집권하려면 당연히 탕평 인사를 해야 한다. 그래야 실망과 분노, 반대와 반발을 좀 희석할 수 있지 않을까? 그런데 자신감이 있으면 그렇게 할 텐데 그런 자신감이 없는 것 같다.

　지금 항간에 이런 의혹과 의문이 나돌고 있다. 새 정권이 MB정권의 무엇을 봐주고, 무엇을 얻었을 거라는 의혹이다. 새 정권이 BBK, 4대강, 도곡동, 측근 비리 등을 밝혀내서 책임을 추궁하고 처벌하는 모습을 보이지 않는 대신에 MB정권이 새 정권 탄생을 총력을 다해 도왔다는 설이 있다. 만약에 그게 사실이라면 정부 내에 외부 인사가 들어왔을 때 혹시라도 이전 정부와 새 정부 사이에 오고 간 여러 가지 정보들을 접할 수도 있다. 현 정권의 주축 인사들이 저지른 비리나 감추고 있는 문제들도 그 외부 인사들에 의해 노출될 우려가 있다. 자신들이 떳떳하지 않고, 감추는 게 많고, 자신감이 없다면, 절대로 탕평 인사는 못한다. 통제할 수 없는 외부인이 들어오는 걸, 도저히 받아들일 수 없을 것이다.

구_ 외부 인사가 들어오는 것을 기득권 침해나 붕괴로 우려하는 분위기가 있다.

표_ 통제가 안 되는, 내부의 아주 골치 아픈 가시가 생길 수 있다는 경계심과 두려움이 있을 거다.

구_ 박근혜 대통령의 인사를 보면 상당히 실망스러워 보인다.

표_ 박근혜 대통령에게 축하를 보내면서도 '과거를 털고 깨끗하게 새출발하라. 후보 시절 말씀을 100% 지켜달라.' 이렇게 말했다. MB정권, 부친인 박정희 전 대통령, 그리고 지난 독재 시절에 이루었던 것들, 쌍용차와 한진중공업 사태 등 현재 우리 사회의 쟁점과 갈등의 대상이 되는 것을 초기에 확 풀어버려야 한다. 그리고 정수장학회 문제, 부산일보 문제, MBC 문제, 그리고 영남대학교 문제 등 본인에게 향했던 의혹들이 있다. 이런 것들도 과감하게 해결하고 시작해야 한다. 그러면 더 이상 감출 게 없으니까 자신 있게 진짜 인재들을 고를 수 있다.

무조건 '전하, 전하의 말씀이 백번 천번 지당하시옵니다.' 이렇게 말하는 간신들만 가득 찬 왕조는 무너지게 된다. 왕이 잘못하면 프랑스혁명 당시 루이 16세처럼 끌려가서 목이 달아날 수 있다. 하지만 비판적인 충신이 있으면, '아니되옵니다, 전하. 제 목을 치시옵소서.' 하고 말하는 충신이 있게 되면 불편하지만 큰 문제는 막을 수 있다. 큰 방향은 제대로 가게 된다. 그런데 만약에 그런 불편하고 비판적이고 귀찮은 충신이 두렵다면 큰 문제라고 볼 수 있다. 초기에 인사는 그렇게 충언할 수 있는 꼬장꼬장한 충신들은 배제하고 있는 상황으로 보인다. 간신배들만 자꾸 중용하고 있다. 그것은 결코 박근혜에게 좋지 않다. 우리 국가에도 좋지 않다. 지켜봐야겠지만 참 안타깝다.

구_ 인사 문제도 중요하지만, 강력한 정보 통제가 더 중요한 문제라고 본다. 설익은 정책이 밖으로 나가 혼선을 일으키는 것을 방지한다는 점에서 의미가 있을지 모르지만, 정보를 지나치게 통제하려는 것은 문제가 있다. 특히 그것이 아버지인 박정희 전 대통령 시대를 연상시킨다는 지적이 많다.

표_ 일단은 그것을 아버지 시대와 연결시키는 것은 언급하고 싶지 않다. 그건 단지 추정일 뿐이다. 마음속에 무엇이 있는지는 남이 예단할 수 없는 거다. 객관적 사실만 놓고 봤을 때, 이론적으로 유사한 사례들과 비교해본다면 분명히 밀실에서 행해지는 의사결정, 혹은 통제된 정보의 흐름은 반드시 왜곡과 문제를 야기한다. 특히 완전하지 않은 인간이 행하는 의사결정은 반드시 사전적인 정보의 원활한 흐름 속에서 검증받아야 한다. 예상하지 못한 문제가 대두될 수 있기 때문이다. 그런데 결국 그 정보가 의사결정을 내리기 전에 통제된다는 것에는 문제가 있다.

박근혜 대통령이 '촉새론'을 이야기했다. 정보를 사전에 공개할 경우 자꾸 떠들어대서 결정되지 않은 인물이 결정된 것처럼 알려진다든지, 사전에 불필요한 논란거리가 야기될 수 있다는 것이다. 하지만 그것이 본류는 아니다. 구더기 무더워서 장 못 담그나. 언론에 하마평이 오르고, 누가 되느니 마느니 하는 얘기가 나오는 것은 감수해야 한다. 그 과정에서 누가 장난치지 못하게 해야 한다. 하지만 그런 현상이 무서워서 철저하게 사전 통제를 하다가 갑자기 깜짝 발표하는 행태는 문제가 있다. 윤창중 인수위 대변인이나 이동흡 헌법재판소장 후보자, 김용준 국무총리 후보자 등이 그러한 사례다. 통제된 정보의 흐름이 낳는 왜곡은 의사결정에 치명적인 오류를 불러일으킬 수 있다.

구_ 어떻게 보면 공론장에서 검증하는 것을 두려워하는 건데, 사실은 '검증'이 정권에 장점이 될 수 있지 않나?

표_ 어차피 검증은 이루어지게 돼 있다. 사전 검증이냐 사후 검증이냐의 차이다. 사전 검증이 이루어질 경우에는 귀찮기는 하지만 패착을 막을 수 있다. 물론 '쟤도 안 되고 도대체 뭐 하란 얘기야?' 이런 얘기가 나올 수 있다. 약점이 없는 사람은 없으니까. 하지만 그 검증 과정에서 두드러진 문제들이 우리 사회가 용인하고 넘어갈 수 있는 문제인지 아닌지는 판단할 수 있다. 그런데 그게 두려워서 사후에 검증하겠다? 사후 검증이 되어서 치명적인 문제가 대두되면 이는 한 사람의 문제가 아닌 정권의 신뢰 문제로 연결

된다. 그것을 모르는 사람은 없다. 과거의 무수한 사례를 통해 입증된 바 있다. 그런데 왜 이런 부분이 반복되는지는 참 의문이다.

08
박근혜 5년을 유쾌하게 사는 법

> " 나꼼수 식의 접근은
> 다른 쪽의 다수에게는
> 전혀 먹히지 않는다 "

선택

구_ 문재인 후보가 패배한 것에 특별한 느낌이 있을 것 같다.

표_ 있다. 내가 문 후보를 개인적으로 아는 것도 아니고, 민주통합당과 무슨 상관이 있는 것도 아니다. 다만 내가 추구하는 정의가 구현되고 진실이 밝혀지기 위해서는 지금의 국정원, 경찰, 새누리당의 권력이 또다시 집권하면 안 된다는 판단을 했다. 그래서 정권교체가 필요하다고 봤고 내 선택을 한 것이다. 서로 공식적인 연합을 하지는 않았지만 서로의 필요에 의한 연합이 무의식적, 비공식적으로 형성된 것이다.

그런 의미에서 당연히 문 후보의 승리를 기대했고, 원했고, 그렇게 되기 위해서 많이 노력했다. 한 번도 공식적으로 문 후보 지지를 얘기한 적은 없지만 누가 보더라도 그렇게 보였을 것이다. 그래서 대선 결과가 주는 의미가 그 이전 대선과는 전혀 달랐다. 솔직히 말하면 정치에는 무관심을 넘어 혐오하기까지 했다. 누구를

찍을까라는 판단도 정의냐 불의냐가 아니라 '누가 될 수 있을까'였다. (웃음)

구_ 5년 전에 이명박 후보를 찍은 것과 5년 후에 문재인 후보를 찍은 것 사이의 간극이 사람들에게는 좀 이해가 안 되겠다.

표_ 그럴 거다. 그러니 이상한 사람이라고 얘기하기도 한다. 비난하고 악플 달았던 사람들 중 최근 일련의 부드러운 방송을 보고 사과 글을 올린 사람도 있다. '이러이러한 익명의 아이디로 표 교수한테 비방, 욕설, 악플을 달았던 사람입니다. 사과드립니다.' 하고. 그분들은 처음 나를 기회주의자로 봤다. 야당과 밀약을 맺어 국회의원 등의 정치적 야심을 위해 양심을 판 사람으로 봤던 거다. 그들의 욕과 비방을 불의한 행동이라고 생각하지 않았다. 그들의 정의감이 표현된 것이라 봤고, 그 입장에서 나는 불의한 사람이었던 거다. 그런데 돌아가는 추이가 그렇지 않았다. 그러니까 그분들이 흔들린 것이다.

그렇지만 여전히 인정하고 싶지 않은 분들도 보인다. 그러면서 나에 대한 지칭이 '나쁜 사람이다'에서 '이상한 사람이다'로 바뀌었다. 정체를 도저히 모르겠다는 거다. 그분들에게 말씀드리고 싶다. '당신들이 가지고 있는 인식과 선입견으로 나를 보려 하면 나를 이해하지 못한다. 저 사람이 어떤 사람일지, 선입견 없이 한 번 들여다보라.' 나는 무수히 많은 힌트를 드렸다. 언론 인터뷰, 블로 그에 '어떤 의도'가 담겨 있다고 본다면 결코 나를 파악할 수 없다. 내가 어떤 삶을 살았고, 어떤 생각에서 저렇게 되었을까? 그 이전에 보였던 행태와 행동들이 지금의 모습들과 어떤 차이가 있을까? 혹시 차이가 아니라 연속성이 있는 것은 아닐까? 이렇게 한 번 들여다보면 나를 이해할 수 있다.

구_ 혹시 5년 전 이명박 후보를 선택한 것을 후회한 적이 있나?

표_ 후회한 적은 없다. 왜냐하면 후회하고 말고 할 정도로 그동안 내 한 표의 의미를 그렇게 크게 보지 않았기 때문이다. (웃음) 솔직히 그만큼 정치에 무식했고, 무지했고, 비겁했다.

구_ 그동안 대선 투표 때는 그렇게 큰 의미를 부여하지 않았지만, 이번에는 의미를 많이 부여한 것인가?

표_ 그러면서 깨달은 게 '아, 나 같은 사람들이 정말 많았겠구나.' 하는 것이었다. 이번에도 1번이냐 2번이냐를 선택함에 큰 고민과 숙고를 한 사람들이 많았을까? 미리 마음속에 1번인지 2번인지를 결정하고 간 분들도 꽤 있었겠지만, 어떤 분들은 투표하라고 하니까 큰 고민 없이 찍은 분들도 있을 거다. 이젠 내가 정치가 뭔지 좀 알겠다. 정치를 하고 싶지는 않지만, 결국 정치가 중요하다는 것도 깨달았다. 결국 정치적 정의가 확보되었을 때 사법적 정의, 수사적 정의도 확보된다는 것을 이제 깨달았다. 그래서 투표율

제고를 얘기했던 거다.

그런데 아주 늦게 깨달은 거다. 이제 앞으로 5년간은 중간 지대를 만들어서 나와 같이 대선에 큰 의미를 부여하지 않으면서 투표했거나, 혹은 안 하는 분들에게 조금 더 관심을 가지려고 한다. 나 꼼수 식의 접근은 젊은 세대나 소수 진보적인 분들에게 열광과 환호를 받을 수 있지만 다른 쪽의 다수에게는 전혀 먹히지 않는다. 그것도 깨닫게 되었다. 그렇기 때문에 앞으로 나는 부드럽고 재미있으면서 의미를 발견하고, 한 사람의 시민, 한 표의 의미가 얼마나 중요하고, 그래서 얼마나 신중해야 하는지, 투표에 참여할 수 있는 권리 자체가 얼마나 소중한지를 다시금 발견하게 하는 역할을 하고 싶다. 그래서 5년 뒤의 선거는 좀 더 생각을 많이 한 상태에서, 좀 더 이성적으로 좀 더 진짜 나은 정책과 나은 사람이 대통령이 될 수 있는 환경을 만들자는 것. 이것이 뒤늦은 자각이다.

감성의 본능적 공포

구_ 대선 결과와 관련해 '이성이 본능적 공포감에 졌다'는 평가를 내놓았던데 어떤 의미에서인가?

표_ 정권 교체와 변화 등 우리가 대선에 담는 의미는 이성적인 것이었다. 우리 역사를 살펴보고, 4대강, 언론 자유, 권력형 비리 등 지난 5년간을 들여다보고 우리가 정권 교체를 해야 한다고 봤다. 이것은 이성적인 흐름에서 나온 결과다. 그래서 '깨어 있자. 투표하자.' 이렇게 말했다. 그런데 박근혜 후보를 맹목적으로 지지하고 결집한 것은 이성이 아니라 감정이었다. 감정은 이성보다 강하다. 범죄심리학자라 잘 안다. 그런데 새누리당은 그걸 교묘하게 잘 이용했다. 이성이 아닌 감정으로 끌고 나갔다.

'지면 죽어. 쟤들 빨갱이야. 북한과 가까워. NLL까지 포기하려고 했대.' 그 앞에선 다른 어떤 것도 통하지 않았다. 텔레비전 토론에서 좋은 대통령으로서의 자질을 보여주지 못했어도, 정책에 현실적으로 많은 문제점이 발견된다고 해도, 그들의 정체성이 실패한 정권이라고 규정한 이 권력과 연장선상에 있다 해도, 아무 소용이 없었던 거다. 오로지 '지면 죽어. 빨갱이 세상 돼.' 그 본능적인 공포와 감정으로 결집된 그 수많은 표 앞에서 이성은 무력화됐다.

구_ 결국 정서의 싸움에서 졌다는 것인가? 새누리당의 어떤 전략이 주효했다고 생각하나?

표_ 그 당시에 나는 중간 지대에 있는 약 14%의 표를 끌어올 수 있느냐 없느냐가 승리의 관건이라고 봤다. 텔레비전 토론이 그런 부동층을 끌어올 수 있다고 봤기 때문에 '텔레비전 토론 보기 운동'을 벌였다. 내용, 태도, 매너 등 세 가지 항목으로 토론 평가표도 만들었다. 그 평가표를 받아서 실제 채점한 분들도 많다. 그분들이 트위터를 통해서 보내온 답은 '채점할 필요조차 없다'였다. 그러한 이성적 접근이 통할 수 있으리라고 본 거다. 그래서 내 몸을 다 던져 JTBC 토론에 나가 흔들릴 수 있는 박근혜 표 2%와 중간의 부동층을 끌어오려고 했다. 그런데 결과는 그게 아니었다.

내가 잘못 봤다. 저쪽에서 시도했던, 아주 오래되고 경험적으로 통용되지 않으리라고 알고 있었던 색깔론이 결국 통했다. 그것을 이제 깨닫게 됐다. '그게 그만큼 무섭구나.' 그게 51%라는 결집을 불러일으킬 정도의 힘을 가지고 있다는 걸 알았다. 그걸 막기 위해서 '진정한 보수라면 종북 좌빨론 집어치워라.' 이런 글을 올린 것이다. 그러한 시도를 좀 완화시키고 조절하고 통제시키려고. 그런데 별 효과가 없었던 것 같다.

김무성 의원을 비롯한 새누리당은 경험 많고 노회해 한국 대중들의 기본적인 정서를 경험적으로 잘 알고 있었다. 그래서 반칙이지만 십알단들을 동원해 인터넷에서 여론 조작을 위해 노력했고, NLL로 문재인 후보를 노무현 전 대통령과 묶었다. 그것을 인구가 많은 영남 지역에 반복적으로 진행했다. 그것이 결국 이성이 아닌 감정을 자극했다. 잘못된 것인 줄 알면서 그것이 효과적이고 이길 수 있다고 봤기 때문에 그런 방법을 쓴 것이다.

문재인 후보가 사형 제도를 폐지하겠다고 했다. 그것은 이성적인 판단이고 결정이다. 세계적인 추세도 그렇고 법률가로서 알고 있는 법 원칙과 범죄 효과 부분들에 따른 양심적이고 이성적인 행위다. 반면, 박근혜 후보는 사형을 집행하겠다고 했다. 현실적으로 사형을 집행할 수 있을까? 나는 그럴 수 없다고 봤다. 그런데 국민들 다수가 사형제 폐지를 반대했다. 새누리당은 다수에게 공유될 수 있고 다수가 동조할 수 있는 감정적인 부분을 계속해서 건드려왔다. 이쪽에선 이성을 계속 가져왔다. 그런데 결과적으로 이렇게 나타났다.

박정희-박근혜

구_ 결국 국민은 표로써 박근혜 후보를 선택했다. 좀 전에 얘기한 감정적 선동 등 기술적인 요소를 빼고 박 후보가 승리한 다른 요인이 있다고 보나?

표_ 있다. 박정희 전 대통령의 정체성에 관한 부분이다. 이걸 진보가 깨달아야 한다. 박정희 전 대통령을 아무리 헐뜯고 찢어발기려 해도 국민의 주류를 형성하는 다수는 박 전 대통령을 찢어지게 가난했던 빈국에서 선진국 대열로 올라서게 만든 주역이라고 본다. 그런데 그걸 부정하고 들어가니까 성공할 리가 없다. 앞으로 5년간 그런 급진 진보주의자들의 주장과 전략에 휩쓸려 들어가면 계속해서 그렇게 될 것이다.

건전한 보수, 대안으로서의 야당이 수권 능력을 갖추려면 그렇게 무조건 반박근혜, 반새누리당으로 가서는 안 된다. 아직까지 한국전쟁과 가난과 박정희 전 대통령과 육영수 여사에 아련한 향수와 추억을 가진 국민이 다수인 상황에서는 그런 게 전혀 먹히지 않는다.

구_ 심지어 이번 대선 결과를 '유신 중독증'으로 분석하는 사람도 있더라. 알게 모르게 사람들이 유신 향수에 젖어 있다는 지적인데, 동의하나?

표_ 물론 일부에서 그런 이야기를 하는 사람도 있다. 하지만 그건 좀 지나친 것 아닐까? 그게 다수도 아니라고 생각한다. 나도 나름대로 이런저런 이야기를 들어보면, 특히 다수를 차지하는 30, 40, 50대층 중에서 전문직에 종사하거나 가게를 운영하거나 집이 있는 분들 중에 박근혜 후보를 선택한 사람이 많았다고 한다. 박근혜 후보를 선택해야 자신의 기득권이 유지되기 때문이란다. 나한테는 유신 향수보다 그게 더 충격적이었다. 그들은 누가 더 옳고, 누가 더 바람직하고, 누가 우리 사회를 더 정의롭게 할 거냐 등을 논하는 게 귀찮은 거다. 오히려 내가 가지고 있는 주식이나 부동산에 누가 더 긍정적 영향을 미치는지가 더 중요하다. 의사라면 '수가를 더 받을 수 있는 후보가 누구야? 세금을 덜 낼 수 있게 해주는 후보는 누구야?' 이랬을 거다. 이런 방식의 선택이 대단히 많았다는 이야기를 들었다. 그런 것들이 대선 결과에 영향을 미친 것이지, 박근혜 후보를 적극적으로 지지해 유신 시대로 돌아가자는 분위기는 극소수인 것으로 알고 있다.

구_ 민주당이 '박근혜=독재자의 딸' 프레임 전략으로 접근한 것에도 문제가 있었다고 보나?

> **박근혜 대통령은 역사 앞에서
> 아버지와 과거사를 있는 그대로 평가받게 해야 한다**

표_ 그렇다. 그런 대결 구도를 만듦으로써 상대방의 선택을 합리화해주고, 정당화해주었다. 쟤네들 또 대결 구도로 가네. 어느 시절인데 독재 얘기야. 그래서 별 마음의 부담 없이 '차라리 박근혜 찍을래.' 이런 효과를 낳았다. 결국 60대 이상 노년층의 결집을 불러왔다. 쟤네들이 우리 세대 전체를 독재로 보네. 뭐 이런 거다. 지난 세대가 일궈놓은 모든 것들, 경제적인 성장 등을 부정하는 것으로 비춰져 반발심을 불러일으켰다. 그중에는 4·19 세력도 있고, 유신에 반대했던 분도 있을 것이다. 유신이나 독재에 반대했던 기억도 있겠지만, 반대하면서도 그 시대를 살았던 사람들이다. 그런데 저들이 우리 세대 전부를 부정하고 있다는 생각이 들었을 것이다. 거기에다 종북 좌빨론이 가져온 레드콤플렉스도 강하게 작용했다. 그렇기 때문에 박근혜 후보를 독재의 화신, 유신의 부활, 박정희의 재현 등으로 몰아간 전략은 큰 패착이었다.

구_ 5·16 쿠데타는 4·19 시민혁명의 결과를 뒤집은 것 아닌가? 그런 점에서 그 쿠데타가 시민들의 뜻에 부응한 것이었는지 의문이다.

표_ 전두환의 12·12처럼 5·16이 권력 찬탈이며, 폭거며, 반란이며, 내란인가? 당시 군이 행정 능력이나 청렴성, 타협하지 않는 정신 등 시민들의 호응을 받았던 측면도 있다. 객관적 타당성이나 정의라는 부분을 떠나 당시 국민 다수의 인식을 본다면 지난 대선에서 박근혜 후보를 선택한 51.6%의 국민들처럼 당시 군은 상당수 국민의 호응을 받을 수 있는 여지가 있었다. 물론 지난 대선에서 안철수 현상에 기대했던 마음들과 똑같지는 않겠지만 말이다. 그가 일제 시기 항일운동을 하지 않고 일본 육사에 간 선택, 그것은 역사적 시각에서 볼 때 분명히 잘못됐고 비판받아야 한다. 하지만 한 개인이 어떤 선택을 했을 때, 그가 처한 환경적 특성들을 감안해주면서 비판할 수 있지 않은가? 5·16 군사 쿠데타는 분명히 쿠데타다. 있는 그대로 쿠데타임을 인정하되 그런 쿠데타가 일어날 수밖에 없었던 배경을 감안해야 한다.

정상적인 민주적 절차가 진행되고 있는데 군이 치고 들어와 체제를 무너뜨리는 제3세계형 쿠데타와는 성격이 좀 다르다는 거다. 물론 객관적으로나 정치학적으로, 역사적으로도 5·16 쿠데타는 잘못된 것이다. 그가 쿠데타의 정당성을 얻으려면 처음에 밝혔던 것처럼 혼란을 안정시킨 뒤 물러나 군으로 다시 돌아갔어야 했다. '민주적 절차가 회복될 수 있도록 한 뒤에 물러나겠다.' 이렇게 약속했다. 그런데 그 약속을 지키지 않고 본인이 집권해버렸다. 그것은 당연히 잘못한 거다. 다만 그런 부분에서 어쩔 수 없었다고 보는 시각이 상당히 있다는 것도 인정하자는 거다. 객관적이고 역사적으로 분명히 잘못된 쿠데타지만 분단의 현실, 그 혼란 상황에서 북한이 들어오면 끝장난다는 위기의식 등 그 당시 상황을 국민이 공유했기 때문에 쿠데타가 들어갈 여지가 있었던 셈이다. 이런 것들을 인정하자는 것이다.

구_ 진보 진영이 박정희를 전면 부정하면 공감받기 힘들다고 보고 있던데, 왜 그런가?

표_ 결국 설득이 되지 않기 때문이다. 박정희를 인정하고 싶고, 받아들이고 싶고, 영웅시하기까지 하는 다수 국민들을 설득의 장으로 끌어들이고 싶은데 그를 절대악으로 두는 순간, 협상 테이블 자체가 형성되지 않는다. 세상에 과연 절대악의 인간이 있는가. 나는 그렇게 믿지 않는다. 나는 연쇄살인범조차도 그가 행한 범죄 이외의 인간적 측면을 본다. 스스로 합리화하거나 변명하는 부분까지 다 들어준다. 그래야만 이 사람의 범죄를 정확하게 이야기할 수 있다.

우리가 자주 이야기하지 않나. 죄는 미워하되 사람은 미워하지 말라고. 진보 쪽에서 범죄 문제를 이야기할 때는 늘 그런 이야기를 한다. '왜 극단적으로 처벌하려고만 하고, 괴물시하나.' 그런데 왜 그 똑같은 시각을 박정희에게는 들이대지 못하나. 물론 그는 강자였고, 지배자였고, 독재자였으니까 다르다. 그건 좋다. 그런데 반대로 보수 측에서 이중 잣대를 내세우며 자기들에게는 너그럽고, 남에게는 엄정한 법질서를 이야기할 때는 그걸 비판하느냐는 거다. 똑같다. 그래서 우리가 역사라는 것을 제대로 공감해내고, 화해해내고, 극복해내지 못하면 현실도 없고 미래도 없게 된다. 그러면 역사는 진보 진영에서 늘 이야기하는 것처럼 강자들이 억지로 꿰어 맞춘 것이 된다. 그들은 강자가 돼서 깡그리 꿰맞추어 그들의 시각으로만 역사를 쓰려고 하나? 그런 반문을 던지고 싶다. 당신들이 욕하고, 괴물이라 부르며 싸우는 대상과 똑같은 모습을 자꾸 보여주고 있다는 거다. 패권주의자적 모습을, 일원주의자적 모습을, 절대주의자적 모습을 말이다. 그런 것들을 박정희 문제에서부터 바꾸자. 일단 한 번 얘기해보자. 협상 테이블로 나오자. 노사 관계도 똑같다. 노동자의 이야기만 일방적으로 주장한다고 과연 그게 선일까? 노동자들에게 유리하게 될까? 일단 노사가 서로의 이야기를 들어주고 존중해준 다음에 차이점들을 좁혀나가는 게 바람직하다.

구_ 장하준 교수 같은 분도 있다. 장 교수는 박정희 시절 국가주도의 발전주의 전략을 긍정적으로 평가한다. 하지만 진보 진영의 주류는 현재의 사회적 불평등의 심화, 재벌 중심의 산업구조 등이 박정희 체제로부터 왔다고 본다.

표_ 둘 다 맞다. 둘 다 맞으니까 '당신은 틀렸어.' 하면 해결되지 않는 문제다. 둘 다 맞다면 어떤 부분에서 미세 조정이 필요할까? 현재 상황을 봐서 재벌 해체가 답인가? 재벌 해체가 지금 가능하

❝ 대중의 열광과 인기라는 것은 바람처럼 왔다가 바람처럼 갈 수 있다는 것을 아주 잘 알고 있다. 그리고 나는 언제든지 떨어질 준비가 돼 있다. 떨어질 때도 품격 있게 떨어지자고 자기최면을 걸고 있다. (웃음) 애걸복걸하지 말고, '나 좀 봐주세요.' 하지 말고. ❞

기는 한가? 그랬을 경우 나타날 재벌 소속 노동자들의 삶은 또 어떻게 될 것인가? 그런 문제들이 남아 있다. 조금이라도 연착륙할 수 있고, 좀 더 바람직한 해결책을 모색하는 게 맞다. 그것이 진실과 화해다.

현실을 인정하자. 재벌이 정당하게 탄생한 것은 아니지만, 당신들을 해체하지 않을 테니 사회에 기여하라고 하자. 반칙, 정권과의 유착 등을 통해 불로소득적 이익을 얻었으면 기여 좀 하라는 거다. 그렇게 벌어들인 돈으로 노동자 권익 향상하고, 최저임금 높이고, 약자, 장애인, 사회 어두운 곳을 비춰주자는 거다. 북유럽처럼 부자 세금 늘리고, 직접세 비중 높이는 '자본주의적 사회주의' 모델로 가자고 합의를 이끌어내는 게 낫다.

삼성의 이재용 부회장은 돈은 가질지언정 명예는 얻지 못한다. 이것이 과연 이건희 회장이 원하는 것인가? 직접 물어보고 싶다. 당신 아들을 대한민국 역사 속에서 어떻게 위치 지우고 싶은지. 지금이라도 청년 기업인으로 출발해 존경받는 인물로 만들고 싶냐고. 그렇다면 아픈 현실을 받아들이고, 삼성이 어떻게 거대 그룹이 됐는지, 그런 과정에서 반성할 게 있으면 반성하고 사죄할 게 있으면 사죄해야 한다. 백혈병 노동자 등 삼성을 둘러싼 여러 가지 문제를 있는 그대로 받아들이고 개선을 위해 노력해야 한다. 그렇게 많은 것을 놓더라도 자신이 더 많은 것들을 가지고 있으니까 그것은 유지한 채 존경받는 부자, 존경받는 기업으로 재탄생해 달라는 것이 개인적인 호소다.

구_ 박정희 전 대통령이 한국 사회에 남긴 유산은 무엇이라고 생각하나? 긍정적 유산이든 부정적 유산이든. 그리고 상처가 있다면 어떻게 치유해야 하나?

표_ 아주 많다. 긍정적인 것이라면 어쨌든 세계 10위권의 경제 대국으로 올라서게 된 것이다. 반면에 사회적 갈등, 독재 권력의 탄생, 친일 세력의 잔존, 빈부의 격차, 권력적 부패와 비리의 연속 등이 부정적 유산일 것이다. 박정희 본인도 이것을 해결하고 청산하고 싶었지만 해결하지 못했다. 독재를 하다 보니 측근을 가질 수밖에 없었고, 그러면서 형성된 고리들이 결국 유산으로 남았다.

치유 방법이라고 한다면 결국 진실과 화해다. 있는 그대로를 인정해야 한다. 실제로 그것이 역사에 기록되거나 정말 우리 모두가 공감하는 평가로 이어지지는 못했다. 그런 작업이 필요하다. 그래서 정말 박근혜 대통령께 부탁드리고 싶다. 본인이 정말 뼈를 깎는 아픔으로 역사 앞에서 아버지와 과거사를 있는 그대로 평가받게 해야 한다. 다른 사람이 하면 더 아프고, 더 잔인하다. 아버지의 돌아가신 영혼 앞에서 눈물 흘리며 있는 그대로의 모습을 평가받게 하고, 국민 앞에 내어놓는 것이 선친을 위해 할 수 있는 최고의 선물이다. 그래서 본인이 꼭 해야 한다.

박근혜의 과제

구_ 박정희 문제는 찬반양론이 크다. 박근혜 대통령이 아버지의 공과 중에 '과의 문제'를 어떻게 풀어가야 한다고 보나?

표_ 박 대통령이 과의 문제를 솔직하게 드러낼 수 있도록 허용해주고, 드러낸 것 중에서 사실이 아닌 것은 배제하고 사실인 것은 인정하며 해당 피해자들에게 진정성 있게 사과해야 한다. 그렇게 과의 문제를 풀어나가면 박 대통령이 승리자가 된다. 그러면 한국 역사에서 진보는 패배하게 된다. 대승적으로 역사의 문제를 올바르게 정리하고 과의 문제를 매끈하게 처리한다면 더 이상 박정희 문제를 물고 늘어질 수 없게 된다. 그럼 앞으로도 공의 부분은 온전히 남게 된다. 공에 찬사를 보내고 존경하지, 거기에 욕할 사람은 없게 된다. 만약 이 부분에 용기를 내지 못하고 건드리는 것조차 불경이라 생각한다면 박 대통령은 패배할 것이다. 51.6%의 지지자들 중 상당수가 이탈할 수 있다. 그래서 대단히 중요한 문제라고 본다.

구_ 박근혜 대통령이 아버지의 '과의 문제'를 해결하려고 할 때 한국 보수들이 반대하거나 압박하지 않을까?

표_ 역시 당위의 문제다. 가능성을 묻는 질문에는 답하고 싶지 않다. 왜냐하면 의지의 문제, 노력의 문제, 주변에 얽힌 이해관계의 문제를 계산할 수가 없기 때문이다. 그것보다는 반드시 해야 할 일이라 얘기하고 싶다. 다른 어떤 희생이 뒤따르더라도 과의 문제를 해결해야 한다. 그것을 해내지 못한다면 아주 불행할 것 같다. 본인과 박정희 대통령과 우리 사회 모두에 아주 불행한 일이 될 거다. 불가능한 문제는 아니다. 박근혜 대통령 의지의 문제다.

구_ 박근혜 대통령이 국민 대통합을 이루려면, '독재자의 딸'에서 벗어나려면, 가장 먼저 무엇을 해야 하나?

표_ 첫 번째로 과거 부분이다. 자기와 상관없다고 하면 안 된다. 부친이었던 박정희 전 대통령, 그 뒤를 이어 집권했던 군사정권, 그들로부터 돈을 받은 것도 확인됐으니까, 전두환-노태우 정권에서 이어졌던 모든 불법과 탄압의 피해들을 적극적으로 매듭지어야 한다. 자베르에서 보듯이 순수한 악은 없다. 거기에는 공안이라는 명분도 있다. 그런 것들을 다 드러낸 다음에 용서와 화해라는 측면에서 다 정리해야 하고, 피해자들에게 보상하고 사과하거나 명예를 회복해줘야 한다. 그렇게 과거 부분을 완전하게 매듭지으면 대한민국이 미래로 나가는 초석을 다진 역사적인 대통령이 될 수 있다. 나는 박근혜 대통령에게 기회라고 본다.

두 번째는 현재다. 본인이 여당 대표로 있던 기간에 벌어졌던 쌍용차, 한진중, 현대중 사태, 언론인 해고, 부산일보, 정수장학회, 영남대 등의 문제를 5년 동안 끝까지 가져가면 다른 문제까지 꼬인다. 지금 힘이 있는 초기에 지난 5년 동안 일어났던 언론과 노동계의 문제를 정리한 뒤에 새롭게 출발해야 한다. 결국 먼 과거와 최근 5년의 문제를 해결하라는 거다.

구_ 그것이 48%와 52%를 화해하고 통합시키는 방법이다. 그런데 진보 진영 안에서는 박근혜 후보가 당선되면 '신유신체제'가 부활할 것이라고 보는 시각도 있다.

표_ 언론의 자유, 표현의 자유 측면에서 그런 주장이 나올 수 있다. 하지만 그것이 다수라고 생각하지 않는다. 그런 주장이 있다면 그것은 역으로 새누리당 쪽에서 했던 색깔론과 똑같은 것 아니겠나. 신유신이라는 프레임 속에 가두고 '저들은 악'이라 규정하는 것이다.

나꼼수

구_ 대중들은 특정한 상황에서 특정한 사람을 상징적으로 선택하는 것 같다. 재작년과 작년 초까지만 해도 대중들은 대안 매체인 '나꼼수' 3인방을 선택했다. 대중들이 왜 그런 선택을 했다고 보나.

표_ 자기가 하고 싶지만 못하는 것, 임금님 귀는 당나귀 귀라고 외치고 싶은데 그랬다가는 불이익을 받을 것 같은 부분을 나꼼수가 시원하게 해결해준 거다. 아무런 제한 없이, 비속어와 욕설까지 써가면서 신명나게 해결해줬다. 조선시대 풍물패, 사물놀이패, 탈춤이 보여줬던 풍자와 해학, 그것이 줬던 카타르시스 효과가 나꼼수에 있었다. 이런 효과에다 꿋꿋한 선비들의 용감한 상소 같은 측면이 결합된 거다. 또 일종의 반영웅적 이미지, 임꺽정이나 홍길동, 일지매처럼 썩어빠진 탐관오리와 권력에 온몸으로 맞서 싸우고 저항하는 투사적인 모습까지 보여줬다. 나도 그렇게 하고 싶은데 난 못하니까 동일시하면서 나꼼수 열풍이 생긴 것 아닌가 싶다.

> **나는 비판하고 공격하지만
> 조심하고 절제한다**

구_ 하지만 나꼼수는 내리막길을 걸어왔다. 그 부분은 어떻게 평가하나?

표_ 절제되지 않은 표현, 비속어, 지나친 일방성 등이 초기에 나꼼수에 열광하도록 했던 요소였다. 하지만 그것이 똑같이 지속되는 것은 커다란 약점이었다. 그런 자극적 요소가 갖고 있는 한계라고 봐야 한다. 그래서 참 안타깝다. 그분들의 용기, 헌신, 정보력과 사회 고발, 누구도 하지 못했던 것들. 그런데 아주 작은 약점이 크게 작용했다. 나 같은 경우 '스토킹 범칙금 8만 원'이라는 한 마디 가지고 엄청 씹히지 않았나. 그것은 내가 말한 내용의 본질이 아니었다. 내가 그런 공세에 파묻혀버렸다면 나도 나꼼수처럼 하향세를 타고 있을 것이다. 하지만 나는 선명성을 가지고 비판하고 공격하지만 조심하고 절제한다. 빌미를 줄 수 있는 비속어나 욕설은 사용하지 않는다. 그런 것이 나꼼수에는 반면교사지 않을까 싶다.

구_ 나꼼수에 보수의 품격이 필요했던 것인가?

표_ 그렇다. 그들이 보수의 품격을 좀 갖춰주기를 바라는 마음이 있었다.

구_ 보수의 품격을 갖추었다면 나꼼수가 다른 평가를 받았을까?

표_ 그렇다. 오히려 선풍적인 인기가 지속적으로 상승하지 않았을까?

구_ 지난해 트위터에 올린 글 때문에 인기가 높아졌다. 그런데 인기도 한순간이더라. 그런 걱정은 안 해봤나?

표_ 그럴 수 있다고 생각한다. 대중의 열광과 인기라는 것은 바람처럼 왔다가 바람처럼 갈 수 있다는 것을 아주 잘 알고 있다. 그리고 나는 언제든지 떨어질 준비가 돼 있다. 떨어질 때도 품격 있게 떨어지자고 자기최면을 걸고 있다. (웃음) 애걸복걸하지 말고, '나 좀 봐주세요.' 하지 말고, 떨어지는 순간을 감지했을 때 멋지게 한 번 떨어지자고 늘 생각한다.

돌직구 멘토

구_ 지난해 연말, 대중들은 표 교수를 선택했다. 왜 그랬다고 보나.

표_ 나를 선택하고 지지해준 분들은 아마도 그분들이 하고 싶었지만 하지 못한 말을 내가 대신해주고 있다 느꼈을 것 같다. 저 사람처럼 정말 돌직구를 날리고 싶다. 저 사람처럼 모든 것을 다 던지고 하고 싶은 말을 하고 싶다. 하지만 난 못한다. 이런 것이 아닐까 싶다. 그렇지만 저 사람이 무너지는 것은 보고 싶지 않다. 저 사람이 무너지고 실패하게 된다면 내가 무너질 것 같아서 지켜주고 싶다. 이랬던 것 같다. 멘토로서 따르고 싶다기보다 보호해주고 싶은 거다.

구_ 대중들이 표 교수의 용기를 높이 산 것 같다.

표_ 내가 한 것이 사람들에게 없다고 생각하지 않는다. 마음속에 있는데 차마 못하고 망설이는 거다. 기성세대의 경우 가족도 있고 부양책임도 있어서 무책임하다는 생각에 참는 게 많았다. 그런데 갑자기 나란 사람이 튀어나와서 하고 싶었던 말을 마음대로 하고 다녔다. 한편 부럽기도 하겠지만, 다른 한편으로는 자기의 일부가 튀어나왔다 느끼는 것 같다.

구_ 사람들은 표 교수가 정치에 참여할지에 관심을 많이 갖고 있더라.

표_ 정치를 할 수 있는 사람과 할 수 없는 사람이 나뉘어 있는 것은 아니다. 정치는 모든 사람의 권리다. 참정권이나 피선거권이 한 형태일 수도 있고. 정치는 우리 모두의 것이다. 내가 정치를 한다는 말 속에는 당연히 국회의원 등의 직업적인 정치활동을 할 것이라는 의미가 들어 있다. 절대로 정치를 안 한다고 하는 것은 오히려 자만인 것 같다. 또 나중에 식언을 한다면 얼마나 우습겠나? 그래서 그렇게 이야기하고 싶지 않다. 정권 교체가 되면 5년간 공직이나 선출직을 맡지 않겠다는 약속은 드릴 수 있다. 그래야 내 진정성이 받아들여질 수 있으니까. 하지만 영원히 정치를 안 하겠다는 것은 자기 속박이고 자기 노예화 아닌가? 그건 아니다.

구_ 대선 결과로 인해 냉소주의나 비관주의가 많아지고 있는데 그런 분들에게 해주고 싶은 얘기가 있다면?

표_ 정의는 때로 대단히 천천히 오기도 한다. 하지만 반드시 온다. 그리고 우리는 이번 선거에서 진 것이 아니라 이겨나가고 있는 중이다. 그래서 좌절할 때가 아니다. 결과보다는 과정이 더 중요하다. 이번 대선을 통해 우리는 상당히 많은 분들이 열과 성을 다해서 대한민국을 좀 더 좋은 나라, 사람 살기 좋은 세상으로 만들고자 노력한다는 희망을 가졌다. 그 자체를 우리는 축하하고 축복할 수 있다. 그럴 자격도 있다. 결과에만 매달리다 보면 우리가 바꾸고자 하는 대상과 똑같아진다. 우리가 대선 결과 때문에 좌절한다면 그들과 똑같다는 것을 보여주는 것밖에 안 된다.

그리고 그 과정들이 살아 있기 때문에 앞으로 5년이라는 시간이 더 주어졌다. 그 주어진 시간에 우리가 2%만 더 끌어들이면 된다. 과거에 부족했던 것을 생각하면서 조금씩 변화, 발전하며 노력하면 5년간 2%를 끌어들일 수 없겠나? 그래서 희망을 갖자. 당신들이 좌절하고 쓰러지고 냉소적이면 우리가 설 자리가 없다. 노력하고 있는 사람들을 생각해달라. 그러면서 버텨주어야 한다.

부모님이나 주변에 있는 분들이 조금 더 합리적으로 생각하고 판단할 수 있는 기회가 제공되는 5년이라면 앞으로 누가 되든 간에 이렇게 좌절하고 눈물 흘리고 열패감 느낄 필요가 없다. 공정한 경쟁 속에서, 국민들의 이성적 판단 속에서 선택하기 때문에 내가 선택한 후보가 탈락하고 상대 후보가 당선되더라도 자신 있게 박수 쳐주면서 축하할 수 있는 상황이 되면 우리는 이긴 것이다. 이긴다는 의미가 꼭 내가 선택한 후보가 이기는 것만을 뜻한다고 한다면 이미 당신은 패배하고 있다는 말을 해주고 싶다.

66 절대로 정치를 안 한다고 하는 것은 오히려 자만인 것 같다 99

구_ 멘토가 되고 싶은가, 아니면 시민운동가가 되고 싶은가?

표_ 일단 나는 선생의 역할을 오래 했다. 교수가 되기 전에도 경찰대에서 후배들을 가르치는 교관 역할을 많이 했다. 그래서 그런 역할에서 행복감을 많이 느낀다. 누군가를 이끌어주고 누군가에게 가르침을 주고 누군가와 소통하면서 그들이 새로운 것을 발견하고, 또 바람직한 모습으로 성장하는 모습을 보면서 기쁨을 느낀다.

구_ 원래 멘토는 쓰다듬어주고 위로해준다. 그런데 어느 기사를 보니 표 교수를 '돌직구 스타일의 멘토'라고 평가해놨더라. 본인이 좀 그렇다고 생각하나?

표_ 좀 그렇다. 학생들에게도 대단히 냉혹하다. 토론을 많이 하는데, 토론의 허점, 근거 없는 주관적인 추정 등을 끝까지 물고 들어간다. 학생 얼굴이 빨개지고, 운 적도 있다. 하지만 합리와 논리와 근거를 갖추지 않은 채 자기만의 편견이나 선입견에 갇혀 주관적으로 주장하는 것을 깨주고 싶었다. 그런데 그런 스타일이 습관화되어 있다 보니까 비판할 때도 배려 없이 돌직구를 날린다. 특히 그래야 하는 대상일 때는 더욱 그렇다. 하지만 피해자나 약자한테는 절대로 안 그런다. 아무튼 따뜻하고, 배려 있고, 관용적인 멘토가 되고 싶은데, 직업적 특성상 상대해야 하는 경찰대 학생들은 바로 경찰 간부가 되니까 자꾸 돌직구를 날리게 된다. (웃음)

구_ 다른 사람들에게 '진보주의자'로 비친다. 왜 그렇다고 생각하나?

표_ 자꾸 보수를 공격하니까 그럴 거다. 말의 내용을 가지고 이야기하는 사람은 별로 없다. 말 잘하고, 자꾸 떠들고, 비판하고, 자꾸 대들고, 문제 제기하는 모습을 보고 진보라 이야기하는 것 같다. 글쎄, 그건 아니라고 본다.

구_ 본인은 '보수주의자'라는 규정을 벗어던질 생각이 없나?

표_ 그렇다. 내 정체나 준거나 이념을 굳이 바꿀 생각은 전혀 없다. 남들이 인정하지 않으면 그것은 그들의 몫이다. 그런데 나보고 '넌 보수주의자가 아냐.' 이걸 강요하는 분들이 많다. '넌 보수라고 하지 마. 네가 보수라고 하니까 기분 나빠.' 그건 그분들의 문제다. 나는 대한민국 사람인데 자기가 싫다고 '너 대한민국 사람 아니야.' 이렇게 규정할 수는 없는 것 아닌가?

구_ 여전히 보수주의자라고 강한 규정을 가지고 있는 표 교수가 보수에게 비판받는 게 아이러니하다.

표_ 아이러니하지만 필요하다. 모두가 자기 집단에 충성하고 자기 집단의 이익만 위하고, 그들에게만 인정받으려 하는, 그래서 '우리가 남이가.' 하고 안주하는 상황이 더 비극적이다. 그럴수록 갈등은 더 깊어만 간다. 나처럼 집단 이익에 반하는 사람이 더 나와야 한다.

구_ 앞으로 5년간 순회강연을 하면 '표창원 스타일', 즉 표 교수와 같은 가치를 지향하는 사람들이 많이 생겨날 것 같은가?

표_ 그럴 것 같고, 그러길 바라고 있다. 물론 좀 혼란도 있을 거다. 각자가 보는 내 가치, 내 스타일이 좀 다른 것 같다. 어떤 분들은 대단히 진보적이기를 바라면서 내게 오고, 어떤 분들은 그렇지 않은 것 같다. 그런 혼란이 극복되면 '표창원 스타일'이 많이 형성될 것 같다.

박근혜 정부 5년을 유쾌하게 사는 법

구_ 지난 대선 이후 멘붕에 빠졌던 사람들은 '박근혜 정부 5년을 잘 살아낼 수 있을까?' 이런 질문을 던진다. 어떤 답을 주고 싶나?

표_ 첫째로 참여, 둘째로 인내, 셋째로 준비, 계획, 실천이라고 얘기하고 싶다. '참여'는 현 박근혜 정부를 외면하지 말자는 거다. 스스로 뽑지 않았을지는 모르지만 다수 국민이 선택해서 당선된 대통령 아닌가. 가급적 박근혜 정부가 제대로 굴러갈 수 있도록 관심을 갖고, 비판할 건 비판하고 잘한 것은 칭찬도 하는 게 좋다. 투표든 무엇이든 열심히 참여하자는 거다. 그렇게 해서 우리가 외부인이나 아웃사이더가 아니라 국민의 일원으로 권리와 의무를 누리는 과정을 같이하자.

또 '인내'할 필요가 있다. 박근혜 스타일이 싫고 다른 스타일의 정부를 원한다면 이 5년을 잘 참을 필요가 있다. 잘 참아내면서 그 다음 단계를 준비해야 한다. 준비하는 속에 각자의 몫이 있다. 정치 지도자의 몫이 있겠고, 지식인의 몫이 있겠고, 일반 시민들의 몫이 있겠다. 다양한 대안적 언론, 정치적 결사체 등에 방관하지 말고 회원이 되거나 기부하는 식으로 참여하자. 그리고 계획을 세우자. 앞으로 내가 5년 동안 무엇을 어떻게 해나가면서 내 삶과 우리 사회를 발전시킬 것인가? 그다음에는 그 계획을 실천해 하나씩 작은 것부터 옮기자. 그렇게 해나가다 보면 5년은 어느새 훌쩍 지나간다. 그렇게 5년을 보내는 과정에서 부모님과 이념적 혹은 정치적 선택에 갈등이 있다면 외면하지 말고 5년 동안 대화하자. 자기 부모님만 변화시켜도 그건 엄청난 일이다. 참여와 인내와 준비와 계획과 실천이라는 계획에 따라 노력하면 본인도 뿌듯하고, 그 노력들이 모여 기적 같은 기쁨으로 다가올 수도 있다.

> **정의, 끝까지 믿어보자.
> 그러면 반드시 돌아온다**

구_ 박근혜 정부 5년 동안을 유쾌하게 사는 법이 있다면?

표_ 일단 희망을 가져야 한다. 누누이 얘기하지만 승리와 정의를 조금 긍정적으로 바라보면서 희망을 가져야 한다. 패배했다는 생각을 조금 바꿔서 생각해보자. 우리는 패배한 것이 아니라 승리해나가고 있으며 이기고 있다고 말이다. '결과보다는 과정이 중요하다.' 대단히 중요한 가르침이다. 하지만 현실에서 우리는 결과에 많이 집착한다. 대선도 마찬가지다. 우리가 과정에서 최선을 다한 그 자체는 아름답다. 투표율을 높이기 위해서 얼마나 많은 분들이 노력했나. 정말 감동받았다. 나도 같은 마음으로 뛰어다녔다. 그걸로 우리는 이미 승리했다. 그리고 그러한 노력이 48%를 얻어냈다고 보면 된다. 그러면 우리에게 남은 것은 뭐냐. 나머지 2%만 더 얻으면 된다. 앞으로 5년 동안 2%만 더 얻으면 된다는 거다. 그럼 그것이 승리해나가는 과정이라는 거다.

또 하나는, '이 세상에는 정의가 없다. 불의가 승리해. 결국 이긴 자가 다 정의가 되어버려.' 이런 패배주의적 얘기를 많이 한다. 그걸 빨리 버리고 바꾸자. 정의는 분명히 존재한다. 그리고 정의는 우리에게 온다. 다만 때로는 참 얄궂고 짓궂게도 그 정의가 아주 늦게 올 때가 있다. 아주 천천히 올 때가 있다. 버스를 15분 기다리다가 '에이, 안 온다.' 하고 돌아서면 16분에 버스가 오는 경우가 있다. 정의도 이와 같다. 정의를 향한 우리의 사랑은 너무 계산적이지 말자. 무조건 온다고 믿자. 역사도 마찬가지다. 30년 후에도 정의가 온다. 완전하지는 않지만 인혁당 사건의 경우 사법적인 정의가 왔지 않나. 안 올 거라 생각하는 사람들도 있었지만 그것이 올 거라 믿었던 가족들은 끝까지 싸웠다. 정의란 그런 거다.

우리가 박근혜 정부 5년을 유쾌하게 사는 법은 패배감에서 빨리 벗어나는 거다. 긍정적으로 희망을 가지고 이겨나가는데 그것도 모르고 '우린 졌어.' 하며 떠나가지 말자는 거다. 야구에서 9회 말 투아웃 7 대 0으로 지는 상황에서 '에이씨.' 하고 나가는 분들이 있다. 그런데 8 대 7로 역전해서 이긴단 말이다. 나간 분들은 일생일대 한 번밖에 볼 수 없는 그 엄청난 기적 같은 역전극을 놓치는 거다. 우리가 지금 절망한다면, 포기한다면, 바로 그 멋진 9회 말 투아웃 8 대 7 역전극을 못 보는 거다. 그러니까 믿자. 정의라는 우리의 애인, 날 배신할 것 같아서 야속할 때도 있지만, 끝까지 믿어보자. 그러면 반드시 우리에게 돌아온다.

구_ 제일 좋은 방법은 박근혜 대통령이 정의를 구현해주는 거다. (웃음)

표_ 맞다. 그리고 그렇게 하도록 그 과정을 즐기자. 박근혜 대통령을 우리의 적이라고 생각하지 말자. 북한 김정은보다는 박근혜 대통령이 우리 편이지 않나. (웃음) 그리고 일본 극우 정권보다는 당연히 박근혜 대통령이 우리 편 아닌가. (웃음) 그러니까 우리의 대통령으로서 잘하기를 바라며, 비판할 것은 비판하고 칭찬할 것은 칭찬하면서 이 5년이 최대한 정의롭고 올바른 대한민국이 될 수 있도록 떠나지 말고 지켜보자. 방관자로서 '네가 얼마나 잘하나 보자.' 이러지 말고, 같이 참여해서 우리 국민, 시민으로서의 권리를 행사하며 비판할 건 비판하자. 그렇게 하는 것이 박근혜 정부 5년을 즐기는 대단히 좋은 방법이다.

구_ 여기서 인터뷰를 마친다. 네 차례의 인터뷰를 하면서 느낀 점이 하나 있다. 표 교수가 지향하는 가치들을 수용한 보수 정권이 나온다면 그것도 의미가 있겠다.

표창원, 보수의 품격

지은이 | 표창원·구영식

초판 1쇄 발행일 2013년 2월 22일
초판 2쇄 발행일 2013년 7월 12일

발행인 | 한상준
기획 | 임병희
편집 | 김민정·박민지
디자인 | 김경년
마케팅 | 박신용
종이 | 화인페이퍼
인쇄·제본 | 영신사

발행처 | 비아북(ViaBook Publisher)
출판등록 | 제313-2007-218호(2007년 11월 2일)
주소 | 서울시 마포구 연남동 567-40 2층
전화 | 02-334-6123 팩스 | 02-334-6126 전자우편 | crm@viabook.kr
홈페이지 | viabook.kr

ⓒ 표창원·구영식, 2013
ISBN 978-89-93642-47-6 03300

- 이 책은 저작권법에 따라 보호받는 저작물이므로 무단 전재와 복제를 금합니다.
- 이 책의 전부 혹은 일부를 이용하려면 저작권자와 비아북의 동의를 받아야 합니다.
- 이 도서의 국립중앙도서관 출판시도서목록(CIP)은 e-CIP홈페이지(http://www.nl.go.kr/ecip)와 국가자료공동목록시스템(http://www.nl.go.kr/kolisnet)에서 이용하실 수 있습니다.
 (CIP 제어번호: CIP2013000712)
- 잘못된 책은 바꿔드립니다.